Bynji Jymping

a monologau eraill

Gareth Owen

Argraffiad cyntaf: 2018
ⓗ testun: Gareth Owen 2018

Rhif Llyfr Safonol Rhyngwladol:
978-1-84527-675-1

Cyhoeddwyd gyda chymorth Cyngor Llyfrau Cymru a'r awdur

Cynllun y clawr: Eleri Owen
Llun clawr: Steve Lewis

Cyhoeddwyd gan Wasg Carreg Gwalch,
12 Iard yr Orsaf, Llanrwst, Dyffryn Conwy, Cymru LL26 0EH.
Ffôn: 01492 642031
lle ar y we: www.carreg-gwalch.cymru

Argraffwyd a chyhoeddwyd yng Nghymru

Er cof am fy nghyfaill annwyl,
Trefor Selway,
a oedd mor hoff o chwerthin.

CYNNWYS

Rhagair

Nesh i syrthio mewn cariad hefo ffurf y fonolog ar ôl darllen *Talking Heads* gan Alan Bennett ar ddiwedd yr wythdegau. Bûm yn fuddugol yn cyfansoddi monolog hefyd pan oedd yr Eisteddfod Genedlaethol yn Nedd a'r Cyffiniau yn 1994.

Gwnaeth Siôn Eirian fewnwelediad diddorol i'r ffurf yn ei feirniadaeth yr adeg honno:

'Dyw monolog ddim mor syml ag un cymeriad mewn limbo yn ymgomio â'i hun. Rhaid bod yna fyd, a falle bobol eraill, o'i gwmpas yn y sefyllfa ddychmygol, ac mae yna un prif gymeriad arall yn bresennol, sef ni, y gynulleidfa. Felly mae monolog yn gydchwarae rhwng yr actor a'i wrandawyr di-ddweud.'

Mae tair o'r monologau yn y gyfrol yma wedi cael cyntaf yn yr Eisteddfod Genedlaethol wrth gael eu perfformio gan Gwynn Williams, y tro diwethaf yn Eisteddfod Ynys Môn y llynedd, hefo Ffish Ffingyrs.

Mae'n bwysig gwahaniaethu rhwng y cymeriad Gwynn Williams yn y monologau a'r Gwynn Williams go iawn. Mae Gwynn yn y monologau yn cael helyntion hefo'r Misus. Mae'r Gwynn go iawn yn byw bywyd priodasol hapus. Mae gan Gwynn yn y monologau ofn hedfan. Mae'r Gwynn go iawn wedi cyflawni *wing walk* ar adain Tiger Moth!

Mae'r gyfrol wedi'i hanelu at ddarllenwyr – sud fedra'i ddeud hyn? – ychydig yn fwy aeddfed. Dwi'n siŵr y byddant yn plesio darllenwyr a gwrandawyr Harri Parri a Wil Sam a ffans C'mon Mid-ffîld. Mae symylrwydd y sgwennu yn help hefyd i ddarllenwyr newydd, a gyda ychydig o anogaeth dwi'n siŵr y buasai dysgwyr yn cael blas arnyn nhw hefyd.

Mae comedi yn codi calon, ac ar ôl llwyddiant Gwynn, bydd ein Heisteddfotwyr yn mwynhau darllen y gyfrol.

Mae'r monologau yn gweithio fesul un, a hefyd fel cyfanwaith. Mae'r cymeriad yn y fonolog ola ychydig yn gallach nag oedd o ar y cychwyn. Ymlaciwch, a dowch hefo fo ar y siwrna.

Bynji Jymping

'Wn 'im ffashiwn Ddolig na'th hi hefo chi, ond fuo petha ddigon blêr acw dros yr holides. Dwrnod Dolig gaethon ni goblyn o row yng nghanol p'nawn. Y fi isio trio'r lectric dril pan oedd y Misus yn gwrando ar y cwîn. Y Misus enillodd. A'th bob peth yn ddistaw pan dorrodd hi lîd y dril hefo efail bedoli.

Nesh i godi cyn codi cŵn Caer bora bocsing de, a mynd ati i drwsio lîd y dril. Ar ôl gorffan o'n i'n ista wrth y tân hefo powlan o fara llefrith pan ddaru'r Misus sticio'i phig yn drws.

'Peidiwch â meddwl y'ch bod chi'n mynd i ista â'ch trwyn yn tân drw'r dydd,' meddai. 'Dwi 'di hen flino ar y bywyd distaw 'ma. Dan ni am fynd allan i'r awyr iach a gneud rwbath cyffrous fel dringo'r mynyddoedd.'

'Dringo'r mynyddoedd?' medda fi. 'Faint o fynyddoedd oeddach chi'n feddwl ddringo mewn dwrnod? A peth arall,' medda fi. 'Dwi'm yn mynd i ddringo. Dwi'n mynd yn benysgafn hannar ffor' i fyny stepladyr. Dwi'm yn symud o'r fan 'ma. Dwrnod i ista wth y tân ydi bocsing de.'

'O,' medda'r Misus. 'Be arall fasa chi'n licio neud heddiw os y basa chi yn cael ffor y'ch hun?'

'A bod yn hollol onast,' medda fi, ' faswn i'n licio mynd ar ben 'yn hun bach i Fangor yn y moto. Parcio wrth y piyr a breuddweidio fod gin i ddigon o bres i fyw yn Sir Fôn.'

'Hy!' gesh i fel atab. 'Y chi yn mynd i Fangor ar ben y'ch hun? Euthoch chi ar goll yn trio dŵad allan o Asda. A'r dyn bach 'na'n llwytho'i Nissan Micra yn meddwl 'i fod o'n drysu ar ôl y'ch gweld chi'n mynd rownd am y seithfed tro.'

'Methu ffendio'r egsit nesh i,' medda fi. 'Camgymeriad eitha naturiol i ddyn o fy oed i. Weithia pan fydda i'n dŵad allan fydda i ddim yn cofio lle nesh i barcio. Ma'i ddigon hawdd sbotio bobol dros sicsti yn dŵad allan o Asda. Ma nhw'n sefyll yng nghanol y car parc yn chwilio am eu ceir.'

Na'th petha ddistewi am funud a dyma fi'n codi a mynd â 'mhowlan i'r sinc. Dyma hi'n dŵad ar 'yn ôl i.

'Ma pawb yn mynd allan bocsing de,' meddai. 'Ma Charles drws nesa yn mynd â Beryl i gerddad dros y Denbi Môrs.'

'Ga'n nhw hyd iddyn nhw wedi fferru â'u trwyna yn 'u tina,' medda fi. 'Be haru chi d'wch? Rw hen fympwy ydi peth fel hyn. Dach chi wastad isio gneud be ma bobol erill yn 'i neud. A peth arall, 'sgynnon ni ddim gêr i fynd i ddringo. Dwi'm yn mynd i ddringo ar ddwrnod fatha heddiw heb bâr o dampons am 'yn nhraed.'

'Crampons,' medda'r Misus yn goch i gyd. A dyma'i'n troi at y ffenast a dechra eto.

'Lle ma'r dyn anturiaethus nesh i briodi dros dri deg o flynyddoedd yn ôl? Dyn cyffrous oedd isio rhoid y byd ar dân. Dyn bach dewr hefo breuddweidion mawr. Dyn hefo asgwrn cefn fasa'n fodlon mynd i Affrica i hela hefo'r llewod. Dyn cefn syth oedd am sefyll yn 'yn ochor i bob cam o'r ffor. Dyn fasa'n amddiffyn i rhag bwystfilod rheibus. Lle ma'r dyn hwnnw heddiw? Mi ddeuda w'tha chi lle mae o. Mae o'n treulio bocsing de hefo'i drwyn yn y tân.'

A deud y gwir o'n i wedi cynhyrfu braidd. A dwn i'm be ddoth drosta i, ond dyma fi'n clwad fy hun yn gweiddi.

'Reit,' medda fi. 'Reit. Dach chi isio antur? Mi ddangosa i chi be di antur.'

'Lle 'dan ni'n mynd?' medda'r Misus.

'Bynji jymping,' medda fi. 'Bynji blymin jymping. Mi ddangosa i i chi.'

'Bynji be?' medda'r Misus, a dyma fi'n 'sbonio iddi tra roeddan ni yn y moto.

O'n i'n nabod boi ym Mae Penrhyn oedd yn mynd hefo'i wraig bob pen wythnos i daflu eu hunin oddi ar bontydd a chlogwyni. Bob Leming oeddan nhw yn i alw fo. A dyna lle'r oeddan ni bora bocsing de yn tynnu i fyny tu allan i dŷ Bob a Mrs Leming. Rw foi bach llwyd oedd Bob. Fasa chi ddim yn meddwl i sbio arno fo y basa fo'n llechio'i hun oddi ar stepan drws ffrynt.

Esh i a'r Misus hefo fo i'r garej, a dyma fo'n 'sbonio ma dim rhaff oedd riwin yn iwsio ond rwbath yn debyg i rybar a lastig wedi'u cymysgu. Dyma fo'n dangos sud i roid yr harnas rownd y'ch traed a rownd y'ch canol, a sud i fesur faint o'r rybar i iwsio i neud y naid.

'Gollwng y rybar i'r gwaelod,' medda fo, 'lle byddwch chi'n landio, a wedyn 'i dynnu fo i fyny riw ddwy droedfadd cyn gneud yr *adjustments* i be bynnag dach chi'n bwyso.'

'Ond ma'r Misus yn dair stôn ar ddeg,' medda fi. 'Ydi peth fel hyn yn saff?'

'Dio'm gwahaniaeth fasa'i'n ugian stôn,' medda fo, a dangos i mi eto sud i neud yr *adjustments* i bwysa'r corff.

'Ond deudwch i mi,' medda fi. 'Unwaith fydd riwin yn danglo dwy droedfadd o'r gwaelod, sud ma riwin yn dŵad yndôl i fyny?'

'Isi pisi,' medda fo. 'Os eith y Misus drosodd i ddechra fydd rhaid i ti'i gollwng hi'n dyner ar ôl iddi stopio, a wedyn geith hi gerddad yn stedi i fyny i'r top er mwyn i ti gael go.'

Gesh i ddarlun clir yn 'y meddwl o'r Misus yn danglo. 'Gawn ni fenthyg rhein?' medda fi.

'Cewch neno'r tad,' medda Bob. 'Ma mam y wraig yn dŵad acw i ginio heddiw. Roth hi'r gora i fynji jymping y llynadd. Ma'r hen gr'aduras yn eti nain.'

Ar ôl ffarwelio â Bob, euthon ni o Fae Penrhyn i gyfeiriad Llandudno, ag ar ôl cyrraedd y piyr, troi i fyny Marine Drive i gyfeiriad Pen y Gogarth. Mi o'na dipyn o bobol yn cerddad i fyny tua'r copa, a dyma ni'n troi i mewn i barcio yn ymyl riw gaffi, 'Rest and be Thankful', ac mi roeddwn i, ond roedd y caffi wedi cau. Dyma fi'n bagio'r moto i ymyl y dibyn a mynd allan a sbio i lawr. Mi ddoth 'na riw hen gyfog drosta i'n sydyn a dyma fi'n cofio pam nad o'n i'n ffond o stepladyrs.

'Dach chi'n siŵr y'ch bod chi isio gneud hyn?' medda fi. Ond roedd y Misus yn ei eliment.

'Yndw siŵr,' meddai. 'Tydi bywyd yn gyffrous?'

Ar ôl mesur dyna fynd ati i roid yr harnesa amdanom a

clymu'r bynjis wrth fympar yr Astra. Y Misus ar yr ochor chwith a finna ar yr ochor dde fel byddan ni yn 'yn gwelâu.

'Can troedfadd ag ugian o'r top i'r gwaelod,' medda fi. 'Well i mi jecio'r *adjustments*.'

'Ar ôl i mi gyrraedd y gwaelod, gollyngwch fi i lawr yn stedi fel oedd Bob yn ddeud. Dwi'm yn licio jyrcio,' medda'r Misus. 'Mi ddo i yndôl i fyny'r hen lwybr bach troellog 'na, a wedyn gewch chi go arni.'

'Dach chi'n barod?' medda fi.

'Now or nefar,' medda'r Misus, a gweiddi, 'Geronimo!' cyn taflu ei hun dros ochor y dibyn. Dyma fi'n hannar cau'n llygid a sbio dros yr ymyl a'i gweld hi'n mynd fel cath i gythral i gyfeiriad y creigia yn y gwaelod. Wel, dwn i'm be ddoth drosta fi, ond wrth edrach i lawr, dyma fi'n teimlo'r bara llefrith yn corddi yn 'yn stumog a dyma fi'n colli 'malans ag i lawr a fi.

O'n i hannar ffor' i lawr pan bashish i'r Misus ar 'i ffor' yndôl i fyny ar y bynji yn swnian rwbath am ei dannadd gosod. Ond doedd gin i ddim amsar i siarad achos o'n i'n gweld y creigia yn dŵad yn nes ag yn nes, ag yn wyndro pwy fasa'n hitio'r creigia gynta – y fi ta'r bara llefrith. Jesd pan o'n i'n meddwl 'i bod hi wedi canu arna i, dyma fi'n teimlo'r harnas yn tynhau am 'y ngwregys a teimlo'n hun yn mynd yndôl i fyny.

O'n i hannar ffor' yndôl i fyny pan bashish i'r Misus ar ei ffor' yndôl i lawr yn dal i swnian am ei dannadd gosod. A felly buon ni am riw hannar dwsin o weithia yn pasio'n gilydd fatha dau bry copyn nes dŵad i stopio'n daclus tua dwy droedfadd o'r gwaelod.

A riw focsing de felly fuo hi. Hongian a'n penna i lawr a'n traed i fyny dros un o glogwyni'r Gogarth yn sbio ar ddannadd gosod y Misus a gweddill y bara llefrith.

'Di hyn yn ddigon o antur i chi?' medda fi. 'Sa'm well gynnoch chi fod adra a'ch trwyn yn tân? A pam aflwydd na 'sach chi'n gwisgo trwsus? Dach chi'n gwisgo nhw yn tŷ. Sgert ar ddwrnod fatha heddiw, a honno rownd y'ch clustia. Dwi'n siŵr bod chi'n debyg i shytlcoc i'r bobol cw'n top.'

Ddeudodd hi ddim byd. Er mod i â 'mhen i lawr a 'nhraed i fyny fedrwn i weld criw o bobol wedi hel rownd yr Astra i fyny yn y top. A ma raid fod 'na riwin wedi ffonio achos fuo'r helicoptyr ddim yn hir.

Bocsing de nesa dwi'n mynd i drio perswadio'r Misus i gael antur o ddifri. Dwi'n mynd i brynu pac o gardia.

Cadw Mewn Siâp

'Dach chi'n mynd yn dew,' medda'r Misus, y diwrnod o'r blaen. 'Dach chi'n twchu fatha twrci Dolig. Mae'n amser i chi gymryd ecsyrsais.'

'Ecsyrsais?' medda fi. 'Dwi'n cael digon o ecsyrsais yn cerddad i'r banc i nôl pres i chi o'r twll yn wal.'

Dyma'i'n dechra eto.

'Mae Charles drws nesa yn chwarae *squash* dair noson yr wsnos. Dach chi'n gneud dim gyda'r nos ond ista hefo'ch trwyn mewn papur newydd. Wel, ma petha'n mynd i newid.'

Mi drïais roi 'mhig yn ôl yn y papur, ond roedd y Misus yn dechra codi stêm.

'Dwi'n mynd i *Marks and Spencer* fory i brynu *track suit* i chi. A dwi wedi bwcio deg o wersi *Slender at Sixty* yn y Ganolfan Hamdden newydd 'na. Pa liw 'sach chi'n licio?'

'Gewch chi brynu un sgai blŵ pinc gin bellad â dw' i yn y cwestiwn. Dwi'm yn mynd i wisgo tracwisg na mynd ar gyfyl y Ganolfan Hamdden.'

Ond doedd dim iws dadla hefo'r Misus pan oedd hi wedi rhoi'i meddwl ar rwbath. Roedd hi fatha ci hefo asgwrn. A'r noson wedyn ar ôl rhyw de go ysgafn o fwyd cwningan a sleisan o ham tryloyw, a'th y Misus i newid. Dyma fi'n ista i lawr yn ôl fy arfer i ddarllan y papur, a dyma hi i lawr y grisia hefo bacas am 'i choesa fatha ceffyl gwedd.

'Be aflwydd di rheina?' medda fi.

'*Leg warmers*,' medda'r Misus. 'Dyna ma pawb yn wisgo heddiw. *Leg warmers* a *ski pants*.'

'Dach chi'm am fynd allan fel'na?' medda fi. 'Dach chi'n debyg i ddau fag o sbrowts.'

'Trystio chi i sbwylio petha. Ma'ch *track suit* chi ar y gwely. Brysiwch i newid ne fyddan ni'n hwyr.'

Rhyw lipryn main oedd yn cymryd y dosbarth. Dechra hefo rhedag yn yr unfan. Welish i rioed y pwynt. Pwrpas rhedag ydi bod ganddoch chi isio mynd i rwla ar frys. Cerddad o gwmpas y lle wedyn ar flaena'n traed, a throi'n breichia fatha melin wynt.

'Reit,' medda'r llipryn. 'Dwi isio chi blygu i lawr a twtsiad y'ch traed heb blygu'ch penglinia.' Ga'th y Misus draffarth i dwtsiad 'i phenglinia heb sôn am fodia'i thraed.

'Peidiwch â plygu'n rhy bell,' medda fi, 'ne fydda nhw'n meddwl fod 'na *eclipse* yn Llandudno.'

'Cym on,' medda'r llipryn, 'a chitha. Cym on, dwi'n cyfri. Un, dau, tri, pedwar.'

Rywsut mi nes i lwyddo i fynd i lawr, ond fethish i'n glir â dod yn ôl i fyny.

'Be haru chi ddyn?' medda'r Misus yn chwyrn. 'Sythwch!'

'Fedra'i ddim,' medda fi. 'Glywis i glec. Dwi'n siŵr mod i wedi torri'n asgwrn cefn.'

'Do'n i ddim yn gwybod bod gynnoch chi un,' medda'r Misus yn ffiaidd. 'Mi ffonia i am ambilans.'

'Dwi'm yn mynd o 'ma mewn ambilans,' medda fi. 'Fydda i'n destun sbort drwy'r ardal i gyd. Fyddan nhw'n sgwennu penillion digri i'w hadrodd mewn eisteddfoda. Mi gerdda i o'ma.'

A dyma fi'n 'i chychwyn hi yn 'y nybla, a chefna 'nwylo yn crafu yn erbyn y llawr.

Doeddan ni ddim yn bell o'r tŷ pan welish i griw o hogia ifanc yn pwyso ar y wal ar gornal y stryd. Ro'n i'n clywad nhw'n rhyw bwffian chwerthin pan oeddan ni'n pasio heibio ond mewn gormod o boen i ddeud dim byd. Ar ôl i ni basio dyma un ohonyn nhw yn gweiddi ar 'yn hola.

'Ew, sbïwch latsh. Ma Mrs Wilias wedi prynu mwnci.'

A dyma nhw'n rhedag i lawr y stryd yn canu: 'O, *yes. We have no bananas.*'

Yn oria mân y bora bu raid i'r Misus ffonio am yr hen Ddoctor Huws. A dyma fo i fyny'r grisia mewn cythgam o dempar.

'Be aflwydd ma dyn yn ei oed a'i amsar yn neud yn trio twtsiad bodia'i draed? Hwdiwch, cymrwch dair aspirin, ac os dach chi isio cadw mewn siâp – prynwch gi, ac ewch â fo am dro bob nos ar ôl swpar.' Ac allan a fo â chlep ar y drws.

Y bora wedyn ro'n i'n ddigon da i fynd i 'ngwaith. Fel ro'n i ar fin gadael y tŷ, dyma'r Misus yn deud: 'Ma Doctor Huws yn llygad 'i le. Dwi am brynu ci ichi'n bresant. Ffasiwn anifal fasach chi'n licio?'

'Prynwch be liciwch,' medda fi. 'Prynwch jiráff. Dwi ddim yn mynd â'r un anifal am dro. Amsar i ddyn fyfyrio ydi gyda'r nos. Nid amsar i gerddad y strydoedd hefo rwbath yn sownd wrth gadwyn.'

'Gawn ni weld am hynny,' medda'r Misus a chau'r drws yn 'y ngwynab i.

Ond yn ystod y dydd tyfodd y syniad o fod yn berchen ci arna i. Faswn i'n cael awr o lonydd oddi wrth y Misus. Ac ar y ffor' adra roedd gin i ddarlun clir yn fy meddwl ohonof fy hun yn cerddad i lawr y stryd hefo clamp o Alsatian yn tynnu ar y tsiaen a finna'n gorchymyn: '*Heel* Bruno.'

Ro'n i ar fin rhoid 'y ngoriad yn y drws ffrynt pan glywis i ryw hen gyfarthiad main tebyg i Miss Jôs, Lancaster House, yn pesychu pan oedd hi wedi cael annwyd. Ac ar ôl agor y drws dyma'r peth tebyca welsoch chi 'rioed i lygodan fawr wedi cael bath yn fy nghyfarch i, ac yn cyfarth a chwyrnu rownd 'yn sodla.

'Be andros ydi peth fel hyn?' medda fi.

'Mistyr Pincws ydi hwn,' medda'r Misus. 'Tydio'n ddel? O, mae o'n gariad i gyd. A rhuban pinc yn 'i wallt o. O, mae o'n lel, lel, lel. Faswn i'n medru 'i fyta fo.'

'I fyta fo?' medda fi. 'Tasach chi'n ei ffrio fo a'i roid o ar dost, fasa 'na ddim digon i neud pryd i Robin Goch. Be ddoth drostach chi i brynu peth fel hyn?'

'*Toy chihuahua* ydi Mistyr Pincws,' medda'r Misus. 'Ma nhw'n y ffasiwn rŵan.'

A dyma fi yn cau'r drws ar y ddau, ac eistedd i lawr yn bac citshin i ddechra llarpio hanner tomato, ac i gynllunio sut i fagio'r moto dros y sglyfath bach pan fydda fo allan yn yr ar'.

Ar ôl noson lle ca'th Mistyr Pincws fwy o fwytha na ches i

mewn deugian mlynadd, daeth yn amsar gwely. Ac ar ôl i'r Misus ddeud nos dawch wrtho fo a'i gusanu fo a rhoid blancad drosto fo, dyma ni yn 'i throi hi i fyny'r grisia.

Ond fethish i'n glir â chysgu. Roedd 'y mol fel storm d'rana. A faswn i, sy'n ddyn cynnil hefo mhres, yn cynnig can punt am blatiad o jips a hadoc melyn. Mi glywis y cloc yn taro pob awr. Chydig wedi tri dyma fi'n cofio mod i wedi gweld tamad o gacan Dolig mewn tun crîm cracyrs ar silff yn bac citshin. Roedd y Misus yn cysgu'n braf, a dyma fi'n sleifio i lawr y grisia, a heb ola, yn trio ffeindio'n ffordd ar draws y gegin pan glywis i waedd fel helgi'r Baskerville yn atseinio trwy'r tywyllwch. Dyma'r Misus yn rhuthro i lawr y grisia, taro'r gola mlaen a mynd yn syth am y fasgad.

'O'r hen ddyn creulon hefo'i draed mawr wedi sathru ar Mistyr Pincws,' meddai, ac yna cusanu'r belan o flew a oedd erbyn hyn yn udo ac yn swnian crio bob yn ail.

'Fasa fo'n licio aspirin?' medda fi. 'Ma Doctor Huws wedi gadael hanner dwsin.'

'Llyncwch nhw'ch hun,' medda'r Misus. 'Ma Mistyr Pincws a fi yn mynd i'n gwelâu. Gewch chi gysgu ar y soffa.'

A dyna lle'r o'n i yn cyfri'r oria tan y bora, ag yn teimlo gwayw yn 'y nghefn rŵan ag yn y man. Roedd 'yn stumog yn corddi wrth feddwl fod y coblyn bach wedi cymryd 'yn lle yn y gwely. Ac hefyd yn rwmblan am mod i'n dal isio bwyd.

O'r diwadd, dyma'i'n gwawrio a dyma fi'n 'u clwad nhw'n codi. Esh i folchi a siafio tra'r oedd y Misus yn gneud brecwast.

'Gewch chi un sleisan dena o facwn i frecwast, a hannar mashrwm a mymryn o ffa,' meddai pan ddoish i lawr yndôl.

Roedd hi'n fora braf, a'r Misus wedi gadael drws y bac citshin led ar agor ag o'n i'n clwad yr adar yn canu.

'A be mae o wedi gael?' medda fi.

'Ma Mistyr Pincws yn mynd i gael bwyd sbeshial allan o bacad ffansi,' meddai. 'Dim ond y gora i Mistyr Pincws.'

Tena neu beidio, mi oedd sleisan o facwn yn sleisan o facwn ag roedd 'y ngheg i'n dyfrio, a jesd cyn i mi sticio'n fforc yn'i dyma fi'n sylwi ar Mistyr Pincws yn ista wrth 'y nhraed hefo'i ben ar un ochor.

Dyma fi'n sbio i fyw ei lyg'id a dangos 'y nannadd iddo fo a gneud stumia chw'rnu heb neud dim sŵn rhag ofn i'r Misus glwad.

Mewn chwinciad mi roedd o wedi neidio ar 'y nglin, a wedyn ar y bwr' a cipio'r sleisan o facwn ag allan fel shot a finna ar ei ôl o y gora medrwn i drwy ddrws y bac citshin ag allan i'r ar'.

Roedd ei glustia fo wedi'u pegio'n ôl a'i ruban pinc yn chwifio, a dyma fo'n gneud bi lain am y giât.

'Mi ga'i o rŵan,' medda fi wrtha fi'n hun. Ond un bychan oedd Mistyr Pincws a mi aeth yn syth drwy rêlings y giât.

Dwn i'm os ta cynnar ta hwyr oedd y bỳs saith yn dŵad i lawr y ffor'.

Nath y dreifar ganu'i gorn a glywish i'r brêcs yn sgrechian a mi aeth Mistyr Pincws yn syth o dan y bỳs – ag allan yr ochor arall ddim gwaeth a cario 'mlaen fatha milgi allan o drap. Erbyn i mi groesi'r ffor' ag ymddiheuro wrth y dreifar doedd 'na ddim golwg ohono fo yn le'm byd. A welodd neb mohono fo byth wedyn, na'r sleisan o facwn.

Roedd y Misus wedi ypsetio. Fuo hi'n crio am dridia, a fi oedd yn cael y bai.

Roedd Charles drws nesa yn meddwl ei fod o wedi cael ei herwgipio, ond glywson ni ddim gair gan neb.

Ond ma 'na ochor ola i bob peth. Mae'r fasgad a'r lîd a'r bowlan fwyd wedi mynd i'r R.S.P.C.A., a mae'r ddwy dracwisg wedi mynd i Oxfam. Dwi'n ôl yn 'y ngwely yn y llofft ffrynt a dwi'n dal i neud 'y ngora i gadw mewn siâp.

Ffish Ffingyrs

O'n i newydd orfadd i lawr yn y bath hefo mymryn o Radox a saim gŵydd pan glywish i'r ffôn yn canu i lawr grisia.

'Mi na'i anwybyddu fo,' medda fi wrtha fi'n hun, a mynd ati i bwshiad 'y nghiwticyls i lawr hefo llwy de, a llnau nghlustia hefo cotyn byds o'n i wedi brynu o'r siop gemist yn bwrpasol i neud y job.

Ar ôl i mi orffan llnau nghlustia mi roedd y ffôn yn canu'n uwch, a dyma fi'n trawo llian sychu am 'y nghanol a mynd i lawr i ateb y gwalch. Os oedd o'n riwin yn trio gwerthu Pi Pi Ai o'n i'n barod i roid llond ceg iddo fo.

Y Misus o'dd 'na.

'Lle dach chi wedi bod ?' meddai'n chwyrn. 'Dwi di bod yn trio dŵad drwadd ers chwartar awr.'

'Yn y bath,' medda fi.

'Bath?' medda'r Misus. 'Am chwartar awr?' Do's 'na ddim llawer ohonoch chi i folchi. Be aflwydd dach chi wedi bod yn neud?'

'Be dach chi isio?' medda fi. 'Brysiwch. Ma 'nŵr i'n mynd yn oer.'

'Llai o'r sterics,' medda'r Misus. 'Ffonio rydwi i ddeud y bydda i adra am hanner awr wedi saith, a dwi'n disgwyl gweld y lle fel pin mewn papur a'r swpar ar y bwr.'

'O'n i ddim yn y'ch disgwyl chi tan naw,' medda fi. 'Sud dwi'n mynd i gael bob peth yn barod mewn cyn lleiad o amser?' Dyma fi'n edrach ar y cloc. 'Ma'i jesd yn bumdarugian wedi chwech rŵan.'

'Am y tro ola,' meddai. 'Fydda i adra am hanner awr wedi saith ar y dot, a dwi'n disgwyl y bwyd ar y bwr. A dyma'i'n slamio'r ffôn i lawr yr ochor bella hefo gymaint o ffôrs fel roedd y ffôn yr ochor yma yn neidio ar y shilff.

O'n i wastad yn dotio sud oedd y Misus yn cael bob peth yn barod hefo'i gilydd pan oedd hi'n cwcio. Oedd o'n ddirgelwch i mi. Ond dyma fi'n penderfynu gneud 'y ngora glas er mwyn ei phlesio a mynd ati'n syth bin i ddechra ar y swpar. Mi esh i nôl papur a pensal o'r drôr yn bac citshin a trio gweithio allan sud i gael y tatws a'r pys a'r ffish ffingyrs i gyd yn barod am hanner awr wedi saith.

Yn ôl y pacad, pedwar munud bob ochor i'r ffish ffingyrs. Chwech o ffish ffingyrs. Felly sics taims ffôr icwals pedwar munud ar hugian. Dwy ochor, felly pedwar ar hugian taims tŵ icwals pedwar deg wyth o funuda. Taswn i'n 'u cychwyn nhw am ugian munud i saith, a cychwyn y tatws am saith a'r pys am ddeng munud wedi, fasa bob peth yn barod erbyn i'r Misus ddŵad adra, a fasa gin i ddau funud sbâr rhag ofn i rwbath fynd o'i le.

Ond ar ôl bod yn slafio am bum munud go lew gesh i banic atac, a meddwl mod i wedi gneud camgymeriad hefo'r calciwleshions. A dyma fi'n troi bob peth i ffwr a dechra eto hefo'r papur a pensal. Ar ôl riw chydig o *adjustments*, ro'n i'n barod i ddechra hefo'r ffish ffingyrs am naw munud wedi saith a'r tatws a'r pys hefo'i gilydd mewn un sosbon am chwartar wedi.

O'n i yng nghanol 'y nghwcio pan nesh i sylweddoli mod i yn y byff heblaw am y llian sychu. Rhag ofn i'r saim sblashio i rwla go sensitif, dyma fi'n penderfynu piciad i fyny'r grisia i drawo rwbath amdana.

O'n i hanner ffor ar draws y gegin pan glywish i gloch y drws ffrynt yn canu, a meddwl bod y Misus wedi dŵad adra'n gynnar, dyma fi'n mynd i atab y drws. Y ddynas drws nesa o'na, Beryl Huws. A ma'i'n hen ddynas bowld. Heb wahoddiad o gwbwl dyma'i'n marchio heibio fi ag i'r gegin a finna ar 'i hôl hi. Dyma'i'n stopio a troi rownd, a dyma fi'n sylwi ar i llygada hi yn sbio ar y llian sychu.

'O, Mr Williams,' meddai. 'Dach chi'n ddyn nobyl. Dach chi'n debyg i gaethwas o'r Aifft.'

'Dach chi'n iawn am y caethwas,' medda fi. 'Eniwe, be dach chi isio?'

'Dan ni'n mynd ar 'yn holides bora fory,' meddai, 'i

Torremolinos, ag oeddan ni'n wyndro fasach chi'n ffidio'r gath?'
Oedd hi ar ganol rhoid instrycsions i mi sud i fwydo'r blewog
hyll pan ddaru 'i ffroena hi fflerio a dyma'i'n gofyn: 'Dach chi'n
clwad ogla llosgi?'

'Yndw,' medda fi a sgrialu i'r bac citshin. Mi roedd y badall
ffrio ar dân.

'Dŵr!' medda fi, fatha riwin o'i go. 'Cerwch i nôl bwcad o
ddŵr.'

'Os rowch chi ddŵr am ben saim,' medda'r ddynas drws
nesa, 'mi fydd hi fatha noson Gai Ffôcs yma.' A dyma'i'n cipio'r
llian sychu oddi amdana i a'i drawo fo dan y tap dŵr oer a'i
wasgu fo cyn 'i roid o'n dwt dros y badall ffrio.

'O, Mr Williams,' meddai, 'Dach chi'n hogyn mawr.' O'n i'n
sefyll yno yn yr oltwgeddar, a 'ngwynab i'n goch fatha tomato a
ddim yn gwbod lle i roid 'yn n'ylo, pan ddoth y Misus i mewn
drw'r drws cefn.

'Ma'r ffish ffingyrs chydig yn gras,' medda fi, cyn cerdded
allan yn urddasol o'r bac citshin ac yna fflamio'i i fyny'r grisia
i'r bathrwm a cloi'r drws. Fuo'i ddim yn saff i ddŵad allan tan
oria mân y bora.

Dysgu Dreifio

O'n i newydd setlo i lawr i wrando ar gêm Man Iw a Lerpwl ar radio ffaif laif pan ddaeth y Misus i mewn fel corwynt.

'Peidiwch â meddwl y'ch bod chi'n mynd i orfeddian ar y soffa 'na ar bnawn Sadwrn,' meddai'n chwyrn.

'Ond ma hon yn gêm bwysig,' medda fi. Ma 'na lot at stêc.'

'Hy!' medda'r Misus, 'criw o ddynion yn eu hoed a'u hamsar yn cicio bag o wynt.'

'Bag o wynt,' medda fi w'tha fi'n hun. Ond ddeudish i ddim byd. A dyma fi'n trio'i hanwybyddu a gwrando ar y sylwebaeth.

'Herrera i Blind, Blind a pêl hir i Martial. Mae Martial yn curo Allen ac yn taro'r bêl o ugain llath a ma'i'n...' A mi aeth bob peth yn ddistaw. Y Misus wedi tynnu'r plỳg.

'Mae Mr Brown yn deud fod yn rhaid i mi bractisho os dwi am basio 'nhest mewn tri mis,' meddai. 'Dowch,' a dyma'i'n taflu goriada'r moto i fyny at y sîling a'u dal nhw hefo un law.

'Impresif,' medda fi w'tha fi'n hun. 'Gobeithio y medrwch chi ffendio'r ignishyn mor hawdd,' ond ddeudish i ddim byd.

Mi gymrodd y Misus yn 'i phen i ddysgu dreifio ddechra'r Gwanwyn, ar ôl i Yncyl Herbert adael swp bach reit daclus iddi yn ei 'wyllys, ac mi brynodd Skoda bach coch.

A dyma fi yn cael 'yn styrbio ar bnawn Sadwrn i fynd hefo'i i'r Rhyl yn sêt y pashinjyr yn crynu fel deilan, achos yn fan'no y bydd y prawf gyrru.

Ddaru petha ddim dechra rhy dda, achos yn syth ar ôl cychwyn roedd hi'n methu'n glir â ffendio second gêr. Y fi'n gweiddi. 'Clutch! Clutch!' Gwynab y Misus fatha lemon, a'r Skoda bach yn llamu fel cangarŵ cynddeiriog i waelod y stryd, a dyma ni'n stopio.

'Dwi'n cael dim trafferth hefo Mr Brown yn y Panda,' medda'r Misus yn ffiaidd. 'Ma raid y'ch bod chi yn gneud rwbath o'i le.' Ewadd, dyna chi resymu.

'Peidiwch â siarad mor wirion,' medda fi. 'Rŵan, cymrwch bwyll a dechra eto.'

'Dwi'n gwbod. Dwi'n gwbod,' meddai. A dyma ni'n ail-gychwyn. Mi gafodd hyd i second y tro yma, ond yn lle symud i fyny i'r trydydd gêr mi neidiodd i'r pumed, a dyma'r moto yn dechra colli pŵer. Roedd o'n mynd yn arafach ac yn arafach, a'r ffenestri a'r drysa'n crynu nes bod 'y nannadd i'n clecian.

'Stopiwch! Stopiwch!' Ro'n i'n gweiddi, a migyrna'r Misus yn wyn fel llian bwr' bobol ddiarth yn dŵad. A dyma'i'n stopio a gofyn i mi:

'Be sy'n bod ar y car gwirion 'ma?'

'Does 'na ddim byd yn bod ar y car,' medda fi. 'Ond ma 'na rwbath mawr o'i le ar y dreifar.'

Dyma ni'n cychwyn unwaith eto, a dyma fi'n trio cael gafael ar y lifar gêr pan oedd hi'n amser newid i fyny, ond wrth fynd amdano fo dyma fi'n twtsiad botwm y weirles.

'Cic rydd i Lerpwl jesd tu allan i'r cwrt cosbi. Mae Benteke am ei chymryd. Mae'n camu'n ôl cyn rhedeg at y bêl ac mae'n...' A mi aeth popeth yn ddistaw. Y Misus wedi troi'r weirles i ffwrdd.

'Fedra'i'm canolbwyntio hefo'r hen dwrw 'na,' meddai, a tinc o anobaith yn ei llais.

Mae'n rhaid mod inna wedi methu canolbwyntio am ychydig ac wedi mynd i synfyfyrio am fod yn ista yn Anfield, achos y peth nesa 'nes i sylwi oedd ein bod ni'n mynd i lawr y *slip road* i ymuno â'r A55. A dyma fi'n clwad fy hun yn gweiddi:

'Be aflwydd dach chi'n feddwl dach chi'n neud? Sgynnoch chi ddim hawl i ddŵad ffor'ma. Welsoch chi mo'r arwydd? Dwi'n i wbod o off bai hart.'

DIM DREIFARS D (HEBLAW HGV). DIM BEIC MODUR DAN 50cc. DIM MOPEDAU DIM CERBYDAU'R METHEDIG AC ANIFEILIAID.

'Y'ch job chi ydi edrach ar yr arwyddion,' medda'r Misus. 'Ma gin i ddigon o waith i neud yn canolbwyntio ar 'y nreifio.'

'Awn ni i helynt os gawn ni'n dal gin yr heddlu,' medda fi. 'Cymrwch yr egsit gynta ddown iddi.'

'Ga'i bractishio'n thri point tyrn,' medda'r Misus.

'Thri point tyrn ar yr A55!' medda fi. 'Be haru chi ddynas? Fydd y ddau ohonan ni yn jêl.'

Dyma fi'n clwad corn yn canu'n ffiaidd dair gwaith fel oedd y Misus yn manwfro'r Skoda bach i ymuno â trafnidiaeth yr A55, a mi aeth 'na Jagiwar glas heibio ni a'r dreifar yn gneud arwyddion hefo'i ddylo a stumia hefo'i geg, ond fedrwn ni ddim gweithio allan yn union be roedd o'n drio ddeud. Dwi'n meddwl nath o 'ngalw fi'n fancar. A 'sgin i ddim byd i neud hefo'r banc.

'Di'n Sul y Cofio fory?' medda'r Misus.

'Sul y Cofio?' medda fi. 'Be dach chi'n feddwl?

'Gweld y dyn 'na hefo gwynab coch yn gneud arwydd fatha Churchill hefo'i fysidd.'

Roedd y ffordd yn brysur – y ddwy lôn yn llawn o gerbyda, a'r Jagiwar glas yn trio gweu rhwng y traffig, a finna'n gobeithio y basa'r egsit yn dŵad yn fuan.

'Pam ma'r lori 'ma o'n blaena ni yn dreifio mor agos i ni?' medda'r Misus.

'Y ni sy'n dreifio'n rhy agos iddi hi,' medda fi. 'Tynnwch yn ôl.' A dyma fi'n digwydd edrach yn y *wing mirror* a gweld gola glas yn fflachio ar dop Volvo'r heddlu ag yn dŵad yn nes ag yn nes. Dyma fi'n dechra ymarfer araith yn 'y mhen. 'Wel, dach chi'n gweld offisyr, be ddigwyddodd oedd...'

Aeth y Volvo heibio ni fel shot ar y llain galed a welish i'r gola glas yn diflannu rownd y gornel.

'Neith hwnna ddim pasio'i dest,' medda'r Misus. 'Welsoch chi be na'th o?'

Ddeudish i ddim byd. Erbyn mynd rownd y tro, dyma 'nghalon i'n suddo. Ma'i'n gneud bob tro pan dwi'n gweld yr olygfa yma ar yr A55. Roedd y traffig yn y ddwy lôn wedi stopio'n stond. Dim byd yn symud. O'n i'n gweld ymhellach ymlaen fod rhei pobol wedi dŵad allan o'u cerbyda ag yn siarad ar eu ffona' symudol.

'Ma'n jians i ni newid lle,' medda fi wrth y Misus. 'O leia fyddan ni'n gyfreithlon os ewch chi i ista yn sêt y pashinjyr.'

Cyn bo hir daeth gair i lawr y lein i ddeud fod 'na garafán wedi troi drosodd ar allt Rhuallt.

'Sud fedra i ddysgu dreifio yn sêt y pashinjyr?' medda'r Misus.

'Sud fedrwch chi ddysgu yn sêt y dreifar,' medda fi, 'mewn moto sy ddim yn symud modfadd?'

'Faswn i'n medru gneud sŵn brwm brwm,' meddai, 'a cymryd arna fynd drw'r gêrs.'

Ddeudish i ddim byd, a neuthon ni newid lle. Tra'r oeddan ni allan o'r moto, daeth dyn o'r cerbyd tu blaen i ni allan hefyd a cyflwyno'i hun i mi a'r Misus.

'Roni o Rhosybol,' medda fo. 'W'chi be? Dwi wedi bod yn y sitiweshon sefyllfa 'ma lawar gwaith fatha 'sa Ifans y Tryc yn ddeud ers dalwm. Dach chi'n cofio Ifans y Tryc?' A dyma fo'n sbio i fyw llygid y Misus a deud, 'Nach'dach ma'n siwr, dach chi'n llawar rhy ifanc.' A dyma fo'n rhoid cerdyn busnes yn ei llaw.

'Ma'i'n cofio Ifans y Tryc,' medda fi.

'Choelia'i fawr,' medda Roni a mynd at 'i foto ag agor y bŵt. Mi oedd gynno fo bob math o drugaredda. Blancedi, rhaw eira, potal ddŵr poeth, praimys stôf, poteli plastig o ddŵr, tynia bwyd, crampons, fflêrs, cwmpawd, rhaff a tedi bêr.

'I be ma'r tedi bêr yn da?' medda fi.

'Rhag ofn bydd raid cysgu yn y car, w'chi,' medda fo. 'Fydda i ddim yn licio cysgu ar ben 'yn hun. Fel dach chi'n gweld, dwi wedi cael 'y nal ar yr A55 o'r blaen. Fasa chi'n licio mymryn o sŵp? Ma gin i sŵp tomato, sŵp ocstel, sŵp mashrwms, sgotch broth, pi sŵp, a sŵp moron.'

'Dan ni'n iawn,' medda fi, 'ond cariwch chi 'mlaen.' A dyma fi a'r Misus yn ôl i'r moto a'i wylio fo'n tanio'r praimys a gwagio tun o sŵp i sosbon bychan ddaru o dynnu allan o fag plastig fatha consuriwr yn tynnu gwningan allan o het.

'Ma hyn yn swreal,' medda fi wrth y Misus. 'Dach chi'n meindio i mi wrando ar y ffwtbol?'

'Gnewch be liciwch chi,' medda'r Misus. ''Na' i edrach ar Roni. Ma'n ddyn digon golygus.'

O'n i ar fin rhoi'r weirles ymlaen pan nesh i sylweddoli fod y ceir yn y pellter yn dechra symud, a dyma fi'n gweiddi drw'r ffenast ar Roni.

'Dan ni'n symud. Ma 'na fŵfment. Wagons ho!'

O'n i'n hanner disgwyl 'i weld o'n tynnu sinc i olchi'r sosbon allan o'r bŵt, ond 'nath o ddim, dim ond diffodd y praimys a gwagio'r sŵp i fflasg, rhoid winc ar y Misus, cau'r bŵt a mynd i mewn i'w gerbyd.

Peth braf ydi cael symud pan dach chi wedi bod yn styc. A fu'sh i 'rioed mor falch o weld egsit yn 'y nydd, a'r cyfle cynta gesh i wedyn dyma fi'n tynnu i fyny mewn *lay by* a newid poshishiyns hefo'r Misus.

Dyma ni'n cychwyn unwaith eto. Aeth pethau'n o lew y tro yma nes daethon ni i Dywyn a dyma fi'n sylwi ar gamera cyflymder ar y chwith.

'Pa sbîd dach chi'n neud?' medda fi.

'Wn i'm,' medda'r Misus, 'sbïwch ar y cloc.'

'Nid 'y nghyfrifoldeb i ydi sbio ar y cloc,' medda fi. 'Cyfrifoldeb y dreifar. Gnewch yn siŵr 'yn bod ni o dan y *thirty* pan 'dan ni'n pasio'r bocs melyn.'

Jesd cyn cyrraedd Asda ym Mae Cinmel mi o'na fan Siwrna Saff wedi parcio yn y *lay by*.

'Camera arall yn fan'ma,' medda fi. 'Sbïwch ar y cloc.'

'Sud medra i ganolbwyntio ar 'y nreifio os 'dwi wastad yn sbio ar y cloc?' medda'r Misus.

Ar y prom yn y Rhyl roedd 'na gamera arall, ag erbyn hyn roedd nerfa'r Misus yn racs.

'Ydw i'n mynd yn rhy ara deg?' meddai.

'Tynnwch i'r ochor,' medda fi. 'Ma 'na ddau ful glan môr yn trio ofartecio.'

Mi benderfynodd fod ganddi isio dreifio drwy ganol y dre am y basai yn gorfod gneud hynny ar y prawf.

'Iawn,' medda fi. 'Trowch i'r dde i lawr Stryd y Baddon, ag i'r dde wedyn yn y gwaelod.' Oeddan ni newydd gyrraedd y traffig laits yn ymyl y steshion pan ddaru riw ddynas hefo tatŵs a dau hogyn bach yn 'i haffla gamu i ganol y ffordd heb edrach, a dyma'r Misus yn gneud *emergency stop*, a dyma'r moto a'r injan yn stopio.

'Reit,' medda fi. 'Handbrec. Niwtral. Cychwyn y moto. I roid o yn 'i gêr, ag off â ni.'

Dyma'i'n cychwyn y car a'i roid o yn 'i ger, gollwng y *clutch*, a'r car yn stopio.

'Handbrec,' medda fi. 'Naethoch chi ddim gollwng yr handbrec.'

Erbyn hyn roedd 'na res o geir tu 'nôl i ni. Cyrn yn canu, a dreifars yn agor ffenestri, a'r ddau hogyn bach yn haffla'r ddynas tatŵs yn gneud arwyddion hefo'u bysedd.

Ond dim ots sawl gwaith y troiai'r Misus y goriad, 'nâi'r cebyst bach coch ddim tanio.

'Mi a'i i jecio'r injan,' medda fi. 'Peidiwch â throi'r goriad tan ddeuda'i.'

O'n i newydd roid sbanar ar dyrmunal y batri pan glywish i'r Misus yn gweiddi drwy'r ffenast.

'Mi dria'i o unwaith eto.'

Welish i 'rioed ffashiwn sbarcs. Dwi'n cofio gweld rei pinc a rei piws cyn i 'nhraed i adael y llawr a 'mhen i daro'r bonet.

Nesh i ddechra dŵad ata fy hun yn yr ysbyty. Ag am funud 'ro'n i'n meddwl mod i'n breuddweidio, achos glywish i yn Saesneg:

'Pêl hyfryd gan Martial i Herrera. Mae Mignolet yn dŵad allan oddi ar ei lein ac yn deifio am y bêl wrth draed Herrera. Mae o wedi dŵad â Herrera i lawr. Penalti!'

A wedyn mi aeth bob peth yn ddistaw. Y Misus wedi troi'r teli i ffwrdd.

'Dan ni ddim isio'r hen *Match of the Day* 'na ar nos Sadwrn. Lle i fendio ydi hosbitol, nid lle i wylio ffwtbol. Dwi 'di dŵad â pyjamas glân i chi.'

'Faint o'r gloch ydi?' medda fi.

'Chwartar i unorddeg,' medda'r Misus. 'Ma'i'n mynd yn hwyr.'

'Sud daethoch chi yma?' medda fi.

'Gesh i lifft,' medda'r Misus.

'Gin pwy?' medda fi.

'Roni o Rhosybol,' medda'r Misus. 'Mae o'n rêl jentylman. Lwcus mod i wedi cadw'i gerdyn o'n saff. Nesh i ffonio fo ar 'i fobail, a mi ddoth yn syth bin.'

Dyma 'na nyrs i mewn hefo troli a bob math o gelfi meddygol.

'Faswn i'n licio cael mynd adra,' medda fi.

'O, Mr Williams bach,' meddai. 'Gewch chi ddim mynd adra am dridia. Dach chi dan obsyrfeshion, dach chi wedi cael sioc.'

Faswn i'n taeru pan edrychish i o gornal 'yn llygad fod y Misus yn gwenu.

Holides

O'n i newydd gymryd llond cegiad o bwdin plwm o 'nesgil pan ddaru'r Misus godi oddi wrth y bwr'.

'Gewch chi olchi'r llestri,' meddai. 'Dwi'n mynd ar y we i chwilio am holides, a peidiwch ag iwsio gormod o'r Fairy Liquid.'

'Holides? Ar ddiwrnod Dolig?' medda fi. 'Be haru chi?'

'Ma pawb yn gwbod ma rhwng y pwdin a'r Cwîn ydi'r amser gora i gael bargen holide,' meddai, a 'ngadael i i glirio'r llestri.

'Ond dan ni ddim wedi tynnu'r cracyr eto,' medda fi yn gweiddi ar ei hôl hi.

'Gawn ni 'i thynnu hi ar ôl te,' medda'r Misus yn galw o'r lownj. 'A cofiwch olchi Santa a'r carw a'u cadw nhw yn y drôr tan Dolig nesa. A peidiwch â cael dŵr tu mewn i'r Marigolds.'

Dyma fi'n tynnu'r cracyr ar ben 'yn hun, a trio peidio gneud clec.

'Be oedd y dyn eira yn neud yn y sach foron?'

'Pigo'i drwyn.'

'Pwy sy'n sgwennu rhein?' medda fi wrtha fi'n hun. 'Wil Morgan?' A dyma fynd ati i glirio'r llestri budr.

Ma rhaid i mi 'u golchi nhw yn yr ordor iawn a'u rhoid nhw i ddrênio wrth ochor y sinc. Y platia mawr, wedyn y said plêts, wedyn y dysglia pwdin, wedyn y dysglia fej, wedyn y cyllith a'r ffyrcs a'r llwya yn y drefn yna. Wedyn y dysglia casyrol, wedyn y tun rhostio a'r sosbenni yn ola. Weithia ma'r Misus yn dŵad i jecio mod i'n gneud petha yn y drefn iawn. Dyma fi'n torchi'n llewis a dechra gneud bybyls yn y bowlan golchi llestri yn benderfynol o neud joban reit dda ar y Royal Albert a'r Pyrex a'r sosbenni Viners.

O'n i i fyny at 'y mhenelin mewn trochion sebon pan ddaru'r Misus sticio'i phen drw ddrws y bac citshin.

'Dach chi'n ffansïo Twrci?' meddai.

'Dwi'n llawn dop. Fedrai'm byta briwsionyn arall,' medda fi'n ddifeddwl.

'Y wlad, nid y deryn,' medda'r Misus. 'Dach chi'n ffansïo deg diwrnod yn Twrci?'

'Dim ar ôl cael 'y ngneud yno y tro dwytha,' medda fi, 'gin y shŵshain sgamyrs. Yr hen hogia bach 'na yn gollwng brwsh llnau sgidia ar lawr, a finna fatha ffŵl yn 'i godi fo a'i roid o yndôl iddyn nhw hefo gwên. Ddaru nhw llnau sgidia'r ddau ohonan ni mewn chwinciad, a bob esgid yn y cesus wedyn. Hen dric dan din. Sawl tyrcish lira ddaru o gostio i mi?'

'Gweld dyn diniwed yn dŵad ddaru nhw,' medda'r Misus. 'Fasa trafeiliwr profiadol, fasa man of ddy wyrld ddim wedi cael ei ddal fel'na. Ag heblaw amdana fi fasa chi wedi prynu taim shêr yn sgwâr Sultanahmet. Fasa chi 'nghlwm wrtho fo am byth fatha myharan wedi'i llyffetheirio.'

'Ma 'nŵr i'n mynd yn oer,' medda fi, a sgwrio'r ddesgil bwdin hefo mwy o ffôrs nag oedd yn angenrheidiol hefo'n sbwnj bach melyn.

'Biti,' meddai, 'ma 'na fargen i gael yn Istanbul.'

'Fasa well gin i Ista'n Tŷ,' medda fi.

Diflannodd y Misus yndôl i'r lownj mewn hyff, a 'ngadael i hefo'r dysglia a'r sosbyn. Fydda i'n licio golchi llestri. Ma 'na rwbath boddhaol iawn yn eu gweld nhw'n sgleinio. Ma golchi llestri yn beth positif. Dach chi'n dechra hefo llestri budr a gorffan hefo llestri glân. Be sy well? Ag eniwe, ma'n rhoi cyfle i mi wisgo rybyr glyfs.

Ma'r rybyr glyfs melyn yn matshio'r sbwnj, a tra dwi'n gwylio'r enfys o liwia yn y bybyls, dwi'n cael cyfle i feddwl am pam na dwi'n licio holides.

Ma gas gin i orfadd ar lan y môr yn torheulo. Dwi'n wyn ag yn dena. Tro dweutha o'n i ar y traeth yn 'y nhryncs dyma 'na riw ddynas yn syllu arna i a troi at ei gŵr a deud: 'Dyna be nesh i anghofio o'r siop gemist – cotyn byds.'

Dyma'r Misus yn ei hôl. 'Be am Torremolinos? Fuo bobol drws nesa yno llynadd a gaethon nhw amser gwerth chweil.'

'Dwi'n gwbod,' medda fi. 'Y fi ddaru edrach ar ôl y gath.'

'Y chi *laddodd* y gath,' cywirodd y Misus. 'Ond awn ni ddim i fan'no ar ddiwrnod Dolig.'

'Dwi'm yn licio Sbaen,' medda fi. 'Mae'r lle'n llawn o Saeson. Cinio dydd Sul, lagyr lowts a iwnion jacs.'

O'n i'n teimlo fod amynedd y Misus yn pylu. Dyddia yma, ma 'na enw i bob storm. Tywydd drwg oeddan ni'n 'i alw fo ers talwm. O'n i'n teimlo Storm Misus yn corddi a dyma fi'n rhoi mhen i lawr a sgrwbio.

'Reit,' meddai, 'dwi'n mynd i fwcio holides os dach chi'n licio lle da ni'n mynd neu peidio. Ag os dach chi ddim isio dŵad, mi a'i â dyn drws nesa hefo fi.'

'A dwi ddim yn licio fflio,' medda fi dan 'y ngwynt. 'Mae o'n 'y ngneud i'n sâl.'

Dyma fi'n gorffan y llestri, ag oeddan nhw'n edrach yn ddel ar y drênyr. Y Royal Albert yn sgleinio a'r sosbenni fel newydd, a dyma fi'n tynnu'n rybyr glyfs yn ofalus a'u rhoid nhw dan y sinc, a mynd ar flaena' nhraed drwadd i'r lownj.

Roedd y Misus yn ista wrth y cyfrifiadur yn gwenu o glust i glust. 'Dwi wedi cael bargen,' meddai. 'Pedwar can punt o ddisgownt, a fydd ddim raid i chi fflio. Crŵs ar y Rhine o Mainz i Cologne.'

'Ond sud awn ni yno?' medda fi.

'Trên i Lundan,' meddai. 'A wedyn Eurostar.'

'Crŵs ar y Rhine. Ja mein fraulein,' medda fi. 'Ydi'n rhy fuan i mi fynd i bacio tra byddwch chi yn gwrando ar y Cwîn?'

'Jesd rw fymryn,' medda'r Misus. 'Dan ni ddim yn mynd tan y Pasg.'

Mi ddoth y Pasg, a mi ddoth y tacsi yn gynnar yn y bore i'n cludo i'r steshion, a mi ddoth y trên i fynd â ni i Lundan i ddal y conecshiyn i St Pancras i ddal yr Eurostar i Frwsel ac wedyn i'r Almaen. Erbyn y p'nawn, roeddan ni ar fwrdd y llong.

Y Misus oedd yn edrach ar ôl y gwaith papur – y pasborts a bellu – a'r unig ddau gerdyn oedd gin i i boeni amdano oedd cerdyn credyd fi'n hun, a 'ngherdyn plastig i agor drws y cabin.

A'r Misus fydda'n planio bob peth pan fyddan ni'n mynd ar 'yn holides. Fydda'i'n cynllunio fatha jenyral bach. Be i weld a be o'na o ddiddordeb.

Ar ôl i ni jecio i mewn a rhoid y cesus yn y cabin, y job gynta oedd cyfarfod y criw a gweddill y pashinjyrs ar Dec Tri i gael gwersi sud i wisgo siaced achub mewn argyfwng.

'Dan ni ddim yn debyg o suddo?' medda fi wrth y Misus. 'Di'r llonga ma'n saff ?'

'Wrth gwrs 'u bod nhw,' meddai. 'Ond fedra i ddim deud yr un peth amdanoch chi. Dach chi'n mynd dros ben llestri weithia, fasa'i ddigon hawdd i chi fynd dros ben y sêffti rêl.'

'A'i ddim ar gyfyl y rêls,' medda fi. 'Na'i aros yn ganol y llong.'

Ar ôl y gwersi iechyd a diogelwch aethon ni i newid i'n glad rags cyn cael cinio nos bendigedig yn y 'Water Reflection Fine Dining Suite', ag ar ôl gwydriad bach o Chateauneuf du Pape, ro'n i a'r Misus yn barod am 'yn byncs.

Roedd bync y Misus yn gwichian rŵan ag yn y man.

'Ma gin i sbanar yn 'y nghes,' medda fi. 'Mi ro'i syrfus iddo fo, os liciwch chi.'

'Newch chi mo'r ffashiwn beth,' medda'r Misus. 'Os fydd y bync isio syrfus, mi ga'i ddyn iawn i neud y job.'

Roedd hi'n fora braf pan neuthon ni godi, ac ar ôl brecwast nesh i wisgo 'nghap llongwr o'n i wedi brynu mewn siop elusen yng Nghaernarfon, ac aeth y Misus a fi i ista ar y top dec i fwynhau'r awyr iach a'r olygfa o afon fawr yr Almaen.

'Yn fan'ma ddaru Gutenberg ddyfeisio argraffu yn ffôrtin fforti êt,' medda'r Misus, yn dechra swnio fel ysgolfeistres. 'Heblaw am Gutenberg fasa 'na ddim llyfra.'

A wedyn pan oeddan ni'n pasio Wiesbaden dyma'i'n dangos Castell Biebrich i mi.

'Yn fan'ma ma nhw'n cynnal y twrnamaint cyffyla rhyngwladol,' medda'r Misus. 'Ma Wiesbaden yn le da am riwmatig.'

'Dwi'n gwbod,' medda fi. 'Dwi'm ond wedi bod yma am ddau funud a dwi wedi gael o'n barod. I can plỳg but I can't sỳth.'

A dyma'r Misus yn chwerthin. Oeddan ni'n dechra ymlacio a mwynhau'n hunin.

Ma gin i gwilydd deud mod i wedi chwerthin digon plentynnaidd pan neuthon ni hwylio heibio Heidenfahrt ar y starbord said.

Ac felly bu, gwledda, cysgu, chwerthin, a mwynhau golygfeydd y Rhine – y cestyll, yr eglwysi a'r cofgolofnau. Yr awyr yn las a'r haul yn gynnes, a'r Misus a fi yn joio'n hunin nes cyrraedd Rudesheim, lle roeddan ni i aros am ddiwrnod a noson cyn hwylio i weld Lorelei, Koblenz a Bonn a wedyn ymlaen i Cologne.

Yn Rudesheim gaethon ni wahoddiad i ddarlith ar neud gwin. Ma'r dre yng nghanol gwinllannoedd, a ma'r gwin, medda nhw, heb ei ail.

'Cerwch chi,' medda'r Misus, 'i mi gael amser i mi fy hun. Newch chi fwynhau darlith ar neud gwin. Dach chi'n cofio'r gwin riwbob 'na neuthoch chi? Oedd o'n un da am grafu farnish oddi ar y sgyrting.'

O'n i'n meddwl fasa'r hwylia da ddim yn para. Roedd y Fisus frathog yn dechra codi i'r wynab.

'Ond dowch hefo fi,' medda fi.

'Cerwch chi,' meddai eto. 'Dwi am fynd am drip ar draws yr afon i Bingen. Wela i chi amser te.'

A dyma fi'n ffendio fy hun yn mynd i fyny'r Drosselgasse i ddysgu cyfrinach gneud gwin da.

Wel, am ddarlith ddiddorol. Ma gwin coch yn cael ei neud o'r grawnwin cyfa, ond hefo gwin gwyn ma croen y grawnwin yn cael ei neilltuo yn gynnar yn y broses. Ma amrywiaeth y grawnwin, tir y winllan, hinsawdd yr ardal a bellu yn rheoli ansawdd y gwin.

Yn adeg y Rhufeiniaid, roedd y bardd Venantius Fortunatus yn sôn am winoedd coch yr Almaen. Mae 'na gant tri deg pump o rawnwin amrywiol yn cael eu meithrin yno.

Herr Crumstaffen oedd yr arbenigwr, ac ar ôl y ddarlith dyma fi'n ysgwyd llaw hefo fo a gaddo dod yn ôl i sesiwn flasu gwinoedd y Rhine am wyth o'r gloch nos.

Mi esh i i gael coffi ar y sgwâr a gwrando ar gôr meibion o'r Iseldiroedd yn canu yn yr awyr agored. Hei leiff!

Amser te, nesh i gwrdd y Misus ar y llong, a dyma fi'n deud wrthi am y gwahoddiad.

'Cerwch chi,' meddai. 'Ma 'na ddawnsio yn y lownj a dach chi ddim yn symudwr naturiol.'

'O'n i'n medru dawnsio yn 'y nydd,' medda fi. 'Yn y Winter Gardens. Oeddan nhw'n dŵad o bob man i weld 'y Mlac Botym i.'

Wyth o'r gloch ag oeddwn i yn cerdded i fyny'r Drosselgasse unwaith eto yn fy siwt nefi blw a 'nghap llongwr. Dyma roid cnoc ar ddrws y seler, a dyma Herr Crumstaffen yn 'y ngadael i mewn. Dim ond pedwar ohonan ni oedd 'na yn y seler a poteli o winoedd ym mhob man.

'Mi ddechreuwn ni hefo Spätburgunder,' medda Herr Crumstaffen. 'Ma hwn yn win bach digwilydd, yn ddelfrydol hefo cig oen a caws aeddfed.' A dyma fo'n tollti'r botel i'n gwydra ni. Dyma fi'n tybio ma locals oedd y lleill a dyma fi'n cynnig llwncdestun i Klopp.

'Y manijar gora yn y byd,' medda fi. Oedd hynny wedi plesio.

'Ma 'na Gastell Klopp ar draws yr afon,' medda'r hogyn gwallt melyn oedd yn ista yn fy ymyl.

'Argol, ma gynno fo gastell?' medda fi. Ar ôl i ni orffen y botel win dyma Herr Crumstaffen yn agor un arall.

'Dyma chi win gwerth chweil,' medda fo. 'Gwin coch melys Carl Sittmann wedi'i neud o rawnwin Dornfelder.'

'Hefo be 'sach chi'n yfad hwn?' medda fi.

'Hefo chwadan,' medda fo.

'Crispi dyc,' medda fi, a cynnig llwncdestun i Franz Beckenbauer.

A felly aethon ni am oria nes o'n i wedi cynnig llwncdestun i bob peldroediwr o'r Almaen oedd yn dŵad i'r co'.

'Dyma chi win rhagorol,' medda Herr Crumstaffen yn ystyn potel arall. 'Gwin goludog a pwerus yn blasu o ffrwytha duon a sbeis.'

'Hefo be 'sach chi'n llyncu hwn?' medda fi.

'Pasta,' medda fo.

'Pasta mai bedtaim,' medda fi. Ond ddaru fo'n anwybyddu a cario 'mlaen drwy'r poteli.

Roedd hi'n tynnu am hanner nos a fedrwn i ddim gweld yn iawn, a doedd 'y ngheg i ddim yn gweithio. Roedd hi fatha taswn i newydd ddŵad allan o syrjyri'r deintydd ar ôl cael injecshon.

'Gwandrwch, Herr Crymffast,' medda fi. 'Ma gin i Fisus mewn bync isio syfrus.' A dyma fi'n trio codi, ond 'nâi 'nghoesa fi ddim gweithio chwaith. O'n i fatha dyn india rybyr, a mi esh i lawr fatha sach o datws.

Dwi'm yn cofio riw lawer ar ôl hynny, dim ond riw go' niwlog o gerdded i lawr y Drosselgasse rhwng Herr Crumstaffen a'r hogyn ifanc gwallt melyn, a cael fy nhrosglwyddo i foi seciwriti y llong.

Hefo cryn drafferth mi aeth y boi seciwriti â fi i lawr y grisia i 'nghabin yng ngwaelod y llong.

'Ydi'ch cerdyn seciwriti gynnoch chi?' medda fo. 'I mi gael ei sweipio fo a'ch gadael chi mewn.' Mi oedd o'n siarad yn ddistaw ddistaw.

'Pam da ni'n shish...?' medda fi.

'Dan ni ddim isio deffro'ch Misus,' medda fo, a dyma fo'n tynnu'n sgidia a'u rhoid nhw yn 'y mreichia.

'Nos dawch, cariad,' medda fi wrtho fo fel oedd o'n 'y ngadael i mewn. A dyma fi'n gneud bi lain am 'y mync. Roedd 'na ola lleuad yn sgleinio drw'r ffenast grwn ag o'n i'n gweld siâp y Misus yn ei bync a'i chlwad hi'n chwyrnu'n braf.

Nesh i syrthio ar y matras yn fy nillad a 'nghap a gobeithio cael cysgu, ond ddaru'r ffenast gron ddechra dŵad tuag ata i, hongian yn yr awyr, a mynd yndôl i'w lle. Drosodd a trosodd nes o'n i'n swp sâl, a dyma fi'n gneud 'yn ffordd sigledig i dŷ bach yr *on suite*.

A fan'no cafodd y Misus hyd i mi yn oria cynnar y bora yn cysgu ar 'y mhenglinia hefo mhen ar sêt y lafatri a 'nghap yn y pan. Wel, mi gesh i ddarlith.

'Fedra'i'm trystio chi i neud dim byd,' meddai. 'Fedrwch chi ddim mynd i flasu gwin a cael gwydriad bach fatha pawb arall. Ma raid i chi fynd dros ben llestri. Biti na fasach chi wedi mynd dros ben y rêlings i'r blydi dŵr. Diolch am sbwylio'r holides. Gewch chi llnau'ch llanast y'ch hun.' A dyma'i'n slamio drws y cabin nes o'n i'n meddwl fod 'y mhen i yn mynd i hollti.

Ond oedd 'na waeth i ddod. Ar ôl llnau'r lafatri a newid 'y nillad, dyma gnoc ar y drws.

'Ma 'na ddilifri i Herr Williams ar Dec Tri,' medda llais o'r ochor arall i'r drws. Mi esh i fyny. Hogyn o winllan Herr Crumstaffen hefo deuddeg ces o win – chwech gwyn, a chwech coch.

'Ma raid fod 'na gamgymeriad,' medda fi. 'Nesh i ddim ordro rhein.'

'Dach chi wedi'u hordro nhw a talu amdanyn nhw,' medda'r hogyn.

'Talu amdanyn nhw? Sud?' medda fi. Dyma fo'n sbio ar y gwaith papur.

'Hefo cerdyn credyd,' medda'r hogyn, a rhoid infois yn fy llaw, ag i ffwrdd â fo.

O rwla daeth y Misus ar y sîn hefo'r boi seciwriti. Dyma'i'n cipio'r infois o'n n'ylo, a faswn i'n taeru i'w gwynab hi droi'n biws.

'Pedwar cant wyth deg euro!' medda'r Misus. 'Y fi yn slafio i gael bargeinion, a chitha'n taflu pres fel tasa fo'n mynd allan o ffasiwn. Dwi'n mynd i gymryd siswrn at y'ch cerdyn a wedyn atach chi.' Ond nath hi ddim.

'Gewch chi ddim yfad y'ch alcohol y'ch hun ar y llong,' medda'r boi seciwriti. 'Rheola. Fydd raid i mi gadw'r cesus o win yn yr offis. Nawn ni ddilifro nhw i'ch cabin ar noson ola'r fordaith.'

Aeth y Misus yn biws tywyllach. Am y dyddia nesa nesh i ista ar y dec hefo siecad achub amdana, jesd rhag ofn i'r Misus 'y mhwsiad dros y rêls.

Daeth yr haul allan eto a twymodd y Misus fel oedd y

fordaith yn tynnu at y terfyn. Roedd pethau bron yn normal, ond gesh i 'ngneud ddwywaith eto cyn i'r holides ddod i ben.

Y tro cynta roeddan ni wedi mynd i weld Eglwys Gadeiriol enfawr Cologne, a tu allan i'r fynedfa roedd dwy ddynas ifanc wedi'u gwisgo fel angylion hefo gwyneba gwynion, gwisgoedd gwynion, menig gwynion ag edin jesd fatha angylion go iawn. Roeddan nhw'n sefyll ar focsys ac roedd hynny'n gneud iddyn nhw edrach yn dal. Dyma nhw'n gneud arwyddion y basa nhw'n licio i mi gael tynnu'n llun hefo nhw. A dyna lle'r o'n i yn gwenu rhwng yr angylion tra'r oedd y Misus yn tynnu llunia ar ei ffôn symudol. Wedyn dyma ni'n newid lle a finna'n tynnu llun y Misus. Ma raid ein bod ni wedi tynnu tua dwsin o lunia i gyd, a rŵan dyma'r angylion yn mynnu ein bod yn talu pump euro am bob llun. Dyma fi'n dechra taeru, a deud nad oedd neb wedi sôn dim byd am bres, a dyma'r angylion yn bwgwth galw'r heddlu.

'Talwch iddyn nhw,' medda'r Misus. 'Dan ni ddim isio codi helynt yn fan'ma.' A dyma fi'n gneud.

Aethon ni'n ôl ar fwrdd y llong, ag i'r cabin i newid cyn mynd am swpar.

'Noson ola,' medda fi. 'Fyddwn ni adra fory.' A dyma fi'n cofio am y cesus o win.

'Fyddan nhw'n danfon y gwin heno,' medda fi. 'Ella gawn ni agor potel o Spätburgunder,' yn trio swnio fel man of ddy wyrld.

'Fyddan nhw ddim yn dilifro heno,' medda'r Misus.

'Pam?' medda fi. 'Ma seciwriti wedi gaddo.'

'Fyddan nhw ddim yn dilifro,' medda'r Misus, 'am 'y mod i wedi gwerthu'r cesus i gwpwl o Wlad yr Ha yng nghabin twenti sics.'

'Dach chi wedi be?' medda fi.

'A gneud proffid reit deidi,' meddai. 'Mi dalith tuag at yr holides.'

'Lle ma'r pres?' medda fi.

'Yn saff,' meddai. 'Fyddan nhw yn 'y nghyfri banc i y munud cyrhaeddwn ni adra.'

'Ond o 'nghyfri banc i ddoth yr arian yn y lle cynta,' medda fi, yn teimlo'n hun yn dechra cynhyrfu.

'Tydi bywyd yn greulon,' meddai, a rhoid ei braich yng nghrwc fy un i. 'Awn ni i fyny am swpar?'

Mistyr Fflyffi

Nesh i ddim lladd y gath yn bwrpasol. Dwi ddim yn *serial killer* cathod, jesd i chi gael dallt. Y Blewog Hyll o'n i'n 'i alw fo. Oedd o'n fwndal o flew, a gwynab fflat fatha tasa fo wedi rhedag yn erbyn wal frics ffwl sbîd. Y fi oedd gofalwr y gath tra roedd Charles a Beryl Huws drws nesa wedi mynd i Torremolinos am dipyn o haul.

Doedd gin Charles a Beryl ddim plant a mi oedd y gwrcath wedi'i sbwylio. Y gora o bob peth, a bwyd mewn cydau bach ffansi hefo llun cath wen debyg i Mistyr Fflyffi ar y tu blaen.

Roeddan nhw wedi rhoid goriad y drws cefn i mi fynd i'w fwydo fo ddwywaith y dydd ag i wagio'r tre a'i ail lenwi hefo stwff glân a'i roid ar bapur newydd ar lawr y bac citshin.

'Dwi'n mynd i ffidio'r blew,' medda fi wrth y Misus ar ôl swpar.

'Cofiwch fod yn ffeind,' medda'r Misus. 'Rhowch o-bach iddo fo a deud fydd mami a dadi adra cyn bo hir.'

'Mami a dadi!' medda fi. 'Ddeuda'i mo'r ffasiwn beth wrtho fo. Ma'n lwcus mod i'n gwagio'r tre. Y sglyfath drewllyd.'

O'n i wedi cael ordors i ista hefo fo tra roedd o'n byta a gneud yn siŵr ei fod o'n cymryd llymad o ddŵr ar ôl iddo orffen.

Esh i mewn drw'r drws cefn ag oedd o'n ista'n 'y nisgwyl i, fel tasa fo'n deud: 'Lle wyt ti wedi bod? Dwi isio'n swpar.'

A deud y gwir ro'n i wedi tyfu'n reit ffond o'r hen gwrcath ond faswn i ddim yn cyfadda hynny i neb.

Dyma fi'n ystyn y cwdyn hefo label 'Nos Fercher' arno fo. Ffesant! Mi oedd Charles a Beryl yn posh. Ro'sh i'r bwyd yn y bowlan ag oedd o'n ogleuo mor dda fuo jesd i mi 'i fyta fo'n hun. Ond nesh i ddim. Mi esh i â'r tre a trollwyth Mistyr Fflyffi i waelod yr ardd.

Pan ddosh i'n ôl, roedd o'n dal i fyta, a mi esh i i nôl banana o'r bowlan ffrwytha. Mi oedd Charles a Beryl mor posh o'na ffrwytha ar y bwr' a neb yn sâl.

'Pyrcs of ddy job,' medda fi w'tha fi'n hun, ag ista' i lawr wrth y bwr' i'w philio hi tra o'n i'n gwatsiad y gath. Dyma fi'n sylwi fod 'na gymaint o flew rownd 'i geg o fel 'i fod o'n byta peth o'i flewiach 'i hun hefo'i fwyd.

A peth atgas, ma rhaid mod i'n *cat whisperer*. Fel o'n i'n meddwl fel hyn dyma fo'n stopio byta a dechra mynd yn sâl. Aeth i gefn o fel bwa a dyma fo'n dechra tuchan fel tasa fo isio towlu i fyny.

Ma gas gin i weld neb yn towlu i fyny, boed o'n fabi ne'n berson ne'n gath, achos mae o'n 'y ngneud i fod isio towlu i fyny'n hun. O'n i'n teimlo riw hen gyfog a blas y fanana yng nghefn 'y ngwddw, a dyma fi'n cydiad yno fo a ffling iddo fo allan drw'r drws cefn.

Dyna lle'r oedd o yn yr ardd yn tagu a'i gefn fel bwa, ag o'r diwedd dyma 'na bêl ffwr 'run seis a phêl golff allan o'i geg o. Gymrodd funud ne ddau i'n stumog setlo, a dyma fi'n mynd â fo yndôl i'r bac citshin i gael llymad o ddŵr. Ar ôl gorffen, dyma fo'n llyfu'i geg, a dyma fi'n sylwi eto ei fod o'n byta'i flew. A dyna pryd gesh i'r syniad y baswn i'n rhoid shêf i Mistyr Fflyffi.

Nesh i ddim sôn dim byd am y peth wrth y Misus, ond y bora wedyn ar ôl iddi fynd i'w gwaith, mi nesh i 'ngadael fy hun i mewn i drws nesa yn ddistaw bach. O'n i'n mynd i ddechra hefo siswrn a gorffan hefo rasal, ag ar ôl i mi neud fy nyletswydda bwydo a carthu, ro'n i'n barod i gychwyn.

Dyma fi'n cydiad yn'o fo a'i roid o i orwadd ar ei gefn ar 'y nglin a'i ddal o i lawr hefo'n llaw chwith tra'n ystyn am y siswrn o bocad 'y nhrwsus hefo'n llaw dde. Wel, dyma fo'n dechra hisian a poeri a gneud sŵn na glywish i rioed gath yn 'i neud o'r blaen. Sincio'i grafanga yn fy llaw wedyn, a cripio mraich hefo gwinadd 'i draed ôl. Dyma fi yn ei ollwng, a fel pob cath mi landiodd ar ei draed a sgrialu i gyfeiriad y lownj.

'Y Blewog Hyll anniolchgar,' medda fi w'tha fi'n hun. 'Do'n i ddim ond yn trio dy helpu.' Roedd fy llaw a'm braich yn gwaedu, ag yn edrach fel taswn i wedi'i sticio hi drw' glawdd o ddrain. Dyna pryd nesh i benderfynu mynd i chwilio am ddyrnwyl.

Ers dalwm mi oedd 'na siop *ironmonger* (dwi'm yn licio'r gair haearnwerthwr) ym mhob tre, ac weithia hyd yn oed mewn pentra, ond gewch chi andros o job i ffendio un heddiw, heblaw am y bi an ciws anferth 'na.

Ond mi o'n i'n gwbod am un bach dda heb fod yn bell, ag yn nabod y perchennog, Gordon, ers blynyddoedd.

Gesh i hyd i ddyrnwyl reit handi, a dyma fi'n sylwi ar bacedi o rêsyr blêds mewn rac yn ymyl y ffenast, a meddwl y basai'n haws siafio hefo llafn newydd, felly dyma fi'n cymryd pacad a mynd â nhw at y cowntar.

'Be wyt ti'n mynd i neud hefo'r Gilletes a'r dyrnwyl?' medda Gordon.

'Dwi'n mynd i siafio pwsi Beryl Huws drws nesa,' medda fi heb feddwl. A dyma fi'n sylweddoli'n syth bin mod i wedi gadael y gath allan o'r cwd.

'Ond paid â deud gair wrth neb,' medda fi.

'Na'i ddim. Wir yr,' medda Gordon, a'i lygid yn perfio.

Dyma fi'n ôl, a gadael 'yn hun i mewn i'r tŷ a chwilio am y gath.

'Mistyr Fflyffi. Cym tw dadi. Pws, pws, pws.'

Roedd Mistyr Fflyffi o dan y soffa, a ddo' fo ddim allan, dim ond hisian a poeri a gneud sŵn chwrnu yn ei wddw bob tro o'n i'n trio cael gafael arno fo. Roedd y soffa yn erbyn y wal, felly fedra fo ddim mynd yn ei ôl, a dyma roid y dyrnwyl am yn n'ylo. Gesh i afael yn'o fo gerfydd ei grwbin a'i dynnu fo allan yn ara deg yn dal i hisian a poeri. Dyma fi'n i roid o ar 'y nglin unwaith eto ag ystyn am y siswrn. Roedd o'n trio fy nghripio hefo'i winadd, ond fedra fo ddim mynd drwy'r dyrnwyl. Be nath o oedd ffendio tamad o 'mraich jesd heibio lle'r oedd y dyrnwyl yn cyrraedd, a dyma fo ati eto hefo'i goesa ôl fatha bygs byni yn trio sglefrio ar lyn wedi rhewi. Roedd llawas 'yn jympyr yn racs grybibion, a dyma fi'n 'i ollwng o, a mi aeth yn syth yndôl o dan y soffa. Dyna pryd nesh i benderfynu mynd i chwilio am dabledi cysgu y Misus.

Mi roedd y Misus wedi bod yn cwyno 'y mod i'n ei chadw'n

effro'r nos yn troi ag yn trosi a siarad yn 'y nghwsg a crenshan 'y nannadd. O ganlyniad ga'th hi dabledi cysgu gin Doctor Metcalf, a oedd wedi symud i'r ardal ar ôl i'r hen Ddoctor Huws ymddeol, ac mi roedd hi'n eu cadw nhw yn nhop drôr y cabinet yn ei hochor hi o'r gwely.

Roedd y botel jesd yn llawn, a dyma fi'n slipio tair i 'mhocad ag allan o'r llofft. O'n i wedi penderfynu gadael i Mistyr Fflyffi ddŵad ato'i hun. Faswn i ddim yn ei styrbio fo eto tan amsar ffîd gyda'r nos.

Ar ôl swpar, dyma fi'n deud wrth y Misus mod i'n mynd i roid bwyd i'r gath.

'Peidiwch â bod yn hir,' meddai. 'Ma gin i jobsus bach i chi neud yn tŷ.'

O'n i'n clwad ogla'r trê yn syth ar ôl agor y drws, ond yn lle ei gwagio dyma fi'n rhoid powlan Mistyr Fflyffi ar y bwr' a gwagio cynnwys y cwdyn bwyd i mewn cyn torri plastig allanol y tabledi cysgu a t'wallt y powdwr oedd tu mewn a'i gymysgu i mewn hefo llwy de.

Dyma fi'n trio'r *charm offensive* wedyn a galw ar y gwrcath mewn llais tyner. Dyma fi'n gweld ei ben o'n sticio allan o dan y soffa, a dyma fynd â'r bowlan ato fo a'i rhoid i lawr reit o flaen ei drwyn. Dechreuodd fyta, a dyma finna allan hefo'r trê i waelod yr ardd a'i gwagio. Nesh i gymryd 'yn amsar i ddŵad yndôl ac i ail-lenwi'r trê, a dyma fi'n sticio 'mhen yn y drws ag edrach i gyfeiriad y soffa. Roedd o'n llowcio'i fwyd. Risylt!

Nesh i olchi'r llwy de a cael gwared o'r dystiolaeth ac ar ôl ista am chydig mi esh i weld sud oedd petha'n dŵad yn eu blaen. Roedd Mistyr Fflyffi yn cysgu'n braf, a dyma fynd ati i daclo'r blew. O'n i'n siarad hefo fo fel o'n i'n torri.

''Na chdi, washi, dim mwy o ffyrbôls i ti. Dim mwy o daflu i fyny. Nei di ddiolch i mi ar ôl dŵad rownd.'

Ar ôl torri'r blew a'i siafio fo, mi roedd ei wynab o'n edrach yn fychan bach, a'r gweddill ohono fo yn edrach yn fawr. Riw bitw bach oedd o dan y blew. O'n i wedi gadael ffrinj ar y top, ond dim ots sud o'n i'n edrach arno fo roedd ei wynab yn debyg i ddylluan. Nesh i feddwl sticio'r blew yndôl hefo mymryn o Evostick oedd gin i yn y sied, ond dyma benderfynu y basa riwin yn dŵad i arfer hefo newydd wedd Mistyr Fflyffi. Rosh i'r blew mewn bag papur a mynd i'r bac citshin i roid pum munud iddo fo ddŵad ato'i hun.

Pan esh i drwadd, roedd y gwrcath yn gorwadd ar wastad ei gefn a'i goesa yn yr awyr. Gesh i banic atac, ond mi nesh i be sy'n dŵad yn reddfol i ddyn ar adega fel hyn. Oedd gin i syrtifficet Cymorth Cyntaf, a dyma fi'n trio rhoid y cus of laiff i Mistyr Fflyffi.

O'n i'n teimlo'n hun yn cyfogi pan nesh i ogleuo'i wynt o, ond nesh i ddal ati. Pinshio'i drwyn a gogwyddo'i ben bach o'n ôl, a gneud yn siŵr fod i basej o'n glir, cyn rhoid 'y ngheg am ei geg o a chwthu.

O'n i'n gneud hyn am y trydydd tro pan ddaru'r drws cefn agor a'r Misus yn dŵad i mewn.

'Be dach chi'n neud, y gwirion?' meddai. 'A be sy'n bod ar y gath? Ma'n debyg i anghenfil o ffilm Harry Potter. Pa fath o anwarddyn fasa'n hambygio Mistyr Fflyffi fel hyn?'

Pan mewn twll. Stopiwch dyllu. A dyma fi'n cyfadda bob peth. Y belen ffwr, y dyrnwyl, a'r tabledi cysgu.

'Ond,' medda fi, jesd â crio. 'Trio'i helpu fo roeddwn i. Fedrwn i ddim diodda 'i weld o'n taflu i fyny.'

Ac yn fan'no yn y lownj y plannwyd celwydd tywyll. Ddaru'r Misus a fi, rhwng 'yn gilydd, benderfynu claddu Mistyr Fflyffi yng ngwaelod ardd gefn tŷ ni, a deud wrth Charles a Beryl ei fod o wedi rhedag i ffwrdd pan nesh i agor y drws cefn i'w fwydo fo nos Fercher. Fasa hynny'n llai creulon na gadael iddyn nhw 'i weld o fel hyn.

Dan leuad Awst, neuthon ni i lapio fo mewn lliain a'i roid o i orffwys yn y pridd du. Cyfrinach y Misus a finna ydi hwnna. Peidiwch â deud wrth neb.

A peth atgas, y flwyddyn wedyn ddaru 'na blanhigyn dyfu yng ngwaelod yr ar'. Dail gwyrdd a bloda fflyffi gwyn. Fedra i ddim edrach arno fo heb feddwl am y gwrcath.

Sdresd

Fush i lawr yn y syrjyri 'na ddechra'r gaea'.

'Dwi'n meddwl bod yn sâl chwech wsnos i ddydd Iau,' medda fi. 'Oes 'na jians am apwyntment?'

'Dowch, dowch,' medda'r ddynas ar risepshon, 'Dio'm yn siwtio chi i fod yn sinigaidd. Be sy'n bod arnach chi?'

'Mi ddeuda i wrthach chi ar ôl i mi weld y Doctor,' medda fi.

'Fedrwch chi ddim jesd gweld y Doctor,' medda'r ddynas. 'Ma rhaid i chi gael apwyntment.'

'Wel dyna dwi isio,' medda fi. 'O's posib cael apwyntment os gwelwch yn dda?'

'Fedrwch chi ddim jesd cael apwyntment,' meddai dros ei sbectol. 'Ma rhaid i chi ffonio am wyth y bore os dach chi isio gneud apwyntment.'

'Dyna lle cesh i 'nal y tro dweutha,' medda fi. 'Nesh i fethu dŵad drwadd. Oedd hi'n unorddeg erbyn i riwin atab y ffôn ag erbyn hynny roedd yr apwyntiada i gyd wedi mynd.'

'Wel galwch yn bersonol am wyth,' medda'r ddynas.

'Os fydda i yma am wyth, ga'i apwyntment?'

'Cewch,' meddai.

'Reit,' medda fi. 'Fydda i yma am wyth ar y dot.'

A felly bu. Roedd hi'n d'wyll pan o'n i'n cychwyn o'r tŷ, a mi suddodd 'y nghalon i pan nesh i droi'r gornel i gyfeiriad y syrjyri. Roedd y ciw allan i'r stryd, a drysa'r risepshon ar gau.

'Fyddan nhw'n agor am wyth,' medda riw ddyn wrtha fi ym mhen y ciw yn pwyso ar ei ffon.

'Faint ydi hi rŵan?' medda fi. A dyma ni'n cymharu'n clocia ar ein ffona symudol. Deuddeg munud i wyth. Mi roedd 'y ngwaed i'n corddi fel o'n i'n chwara'r olygfa yn 'y mhen. Cyrraedd pen y ciw a'r apwyntiada i gyd wedi mynd. Mi gesh i'n synnu o'r ochor ora ar ôl cyrraedd risepshon.

'Faswn i'n licio gneud apwyntment i weld y Doctor,' medda fi.

'Dyddiad geni?' medda'r ddynas. Roedd hon yn wahanol i'r un y diwrnod cynt. Dyma fi'n sibrwd yn ei chlust; dwi'm yn licio i bawb wbod 'y musnas. Laswn i gael 'y nghlônio. Mae o wedi digwydd i rei.

'Deg munud wedi deg,' meddai. 'Fasach chi'n licio i mi sgwennu fo i lawr?'

'Deg munud wedi deg? Heddiw?' medda fi. A dyma'i'n nodio'i phen.

'Ia, sgwennwch o i lawr os gwelwch yn dda,' medda fi. A dangos y papur i weddill y ciw.

'Dwi wedi cael apwyntment bora 'ma,' medda fi, yn chwifio'r papur ag yn gwenu o glust i glust.

Am ddeg o'r gloch nesh i jecio'n hun i mewn ar y sgrin fach. Dyddiad geni eto, a twtsiad i ddeud os o'n i'n wryw neu fenyw.

A dyna lle'r o'n i yn ista yn y wêtin rŵm yn disgwyl am gael mynd i mewn i weld y Doctor.

Roeddan nhw wedi deud wrtha fi am wylio'r sgrin fawr yn y wêtin rŵm i edrach am yn enw yn dŵad i fyny. Mi fasa 'na hefyd 'bing bong' ar y sbîcars meddan nhw.

Rhwng enwa'r cleifion yn dŵad i fyny ar y sgrin mi roedd 'na hysbysebion am bob math o glefydau a beth oedd eu symptomau, ac i drafod hefo'r Doctor os oeddach chi'n meddwl fod hyn yn berthnasol i chi.

Wel, ar ôl gwylio am ddeng munud 'ro'n i'n teimlo reit giami ag wedi argyhoeddi fy hun fod 'na bob math o betha'n bod arna i, gan gynnwys *lassa fever*, *beri beri* ag *e bola*.

O'r diwadd dyma fi'n clwad y 'bing bong' a gweld 'yn enw, a dyma fi i mewn i weld y Doctor yn stafell chwech. Ar ôl fy archwilio'n reit fanwl dyma'r Doctor yn deud:

'Ma'ch pwysa gwaed reit uchel. Rŵan, dwi ddim yn siŵr os ydi'r pwysa'n uchel am eich bod chi yma hefo fi, ac ar ôl mynd allan ella fydd y pwysa'n mynd i lawr yn naturiol. Mi na'i drefniada i chi gael profion pellach.'

'Beth bynnag dach chi'n feddwl sydd ora, Doctor,' medda fi, yn meddwl 'y mod i'n sâl o ddifri.

'Mi gewch chi lythyr o'r ysbyty,' meddai. 'Mi na'n nhw ffitio monitor bach am eich canol ar felt, a cysylltu hwnnw hefo tiwb rwber a chyffen o gwmpas eich braich. Bydd y monitor yn recordio'r pwysa gwaed bob awr. Gawn ni well darlun wedyn.'

Ma raid ei bod hi wedi gweld y consŷrn ar 'y ngwynab.

'Peidiwch â poeni,' meddai. 'Chwara'n saff ydan ni.'

Erbyn hyn roeddwn i wedi anghofio am y *lassa fever* a'r *beri beri* a'r *e bola*, mi roedd hwn yn rwbath mwy difrifol o lawer.

Mi ddaeth y llythyr o'r ysbyty. Ro'n i fod yno am naw y bora yn stafell E.C.G. Ro'n i hefyd i gadw dyddiadur o 'ngweithgareddau a'm meddyliau, a nodi pryd o'n i'n mynd i 'ngwely a codi yn y bora a sud oeddwn i'n teimlo. Pryd o'n i'n ypsetio a pryd o'n i'n ymlacio.

O'n i wedi cyrraedd yr ysbyty ddeng munud yn gynnar ag oedd 'na giw yn y coridor. Doedd y dderbynfa ddim ar agor. Nesh i gerdded heibio'r ciw a dilyn yr arwyddion i E.C.G. achos oedd gin i apwyntment.

Dyma roid cnoc ar y drws a dyma 'na dechnegydd canol oed yn 'y ngadael i mewn a gofyn i mi ista ar y gwely.

'Dach chi'n gwisgo fest?' meddai wrtha fi yn Gymraeg, ag o'n i reit falch ma Cymraes oedd hi achos o'n i wedi ticio'r bocs Cymraeg wrth ateb y cwestiwn: 'Iaith lafar sydd orau gennych/*Preferred spoken language*.'

Dyma fi'n dechra meddwl ffashiwn gyflwr o'na ar 'yn syrcyn cyn ateb.

'Yndw,' medda fi.

'Tynnwch y'ch côt fawr a'ch siaced, a'ch cardigan, a'ch crys,' meddai.

Dyma fi'n gneud, a dyma'i yn gosod y monitor am 'y nghanol a'r gyffen am dop 'y mraich chwith.

'Mae'r monitor wedi'i raglennu i lenwi'r gyffen bob awr,' meddai. 'Pan glywch chi'r sŵn blîp, rhowch gora i be dach chi'n neud ac ymlaciwch. Mi deimlwch y gyffen yn tynhau am y'ch braich. Defnyddiwch gomon sens a cofiwch lenwi'r dyddiadur.'

'Ga'i ddreifio?' medda fi.

'Cewch,' meddai, 'ond pan glywch y blîpar trïwch dynnu i fyny os ydi'n saff gneud.'

Dyma fi'n dechra rhoid 'y nillad yndôl amdana.

'Fydd raid i chi gysgu yn y'ch crys heno,' meddai. 'A cofiwch ddod yn ôl am naw bora fory.'

'Fydda i wastad yn cysgu yn 'y nghrys,' medda fi wrtha fi'n hun. 'Dwi'n cofio'r tro dweutha nesh i gysgu heb 'y nghrys. Ma Jo bach yn fforti tw mis nesa.'

Ar ôl rhoid 'y nhop côt amdana, dyma fi allan i fynd o gwmpas 'y musnas.

Mi oedd gin i isio mymryn o negas a dyma fi'n tynnu i fyny ym maes parcio Asda lle fethish i ffendio'r egsit tro cynta esh i yno. Fydda i'n dal i wrido wrth feddwl am y peth. Nesh i brynu colifflŵar a caws a tatws mawr i neud drwy'u crwyn erbyn i'r Misus ddŵad adra. Tra ro'n i'n trio rhoid dwy ddonyt yn y bag papur brown hefo 'nhongs, dyma fi'n gweld rwbath newydd – *spinach and ricotta rolls* – a meddwl y basa rhein yn syrpreis neis i'r Misus, a dyma fynd ati i rhoid nhw mewn bag papur arall.

Roedd hi'n brysur yn Asda. Ciw wrth bob til, a dyma fynd ati i'r adran syrfio'ch hun a rhoid 'y masgad i lawr. '*Please scan the first item*,' dyna oedd o'n ddeud ar y sgrin, a dyma fi'n trio rhoid 'y ngholifflŵar drwodd. Dim byd yn digwydd. Dyma 'na gyfarwyddiada arall ar y sgrin: '*Please call for assistance.*' Dyma fi'n chwifio 'mreichia a pwy ddaeth ata fi ond riw foi bach llwyd hefo bathodyn: Brian Hapi tŵ Help ar 'i grys polo gwyrdd.

'Oes posib cael un o'r rhein hefo cyfarwyddiada yn Gymraeg?' medda fi.

'Ma nhw'n gweithio arno fo,' medda Brian. 'Be 'di'r broblam?' Dyma fi'n pwyntio ar y sgrin yn deud wrtha fi am alw am gymorth.

'Does 'na ddim bar côd ar golifflŵar rhydd,' medda fo. 'Rwbath heb far côd, rhaid i chi fynd i '*Look up item*', a dyma fo'n dangos i mi. 'Rŵan ta, be ydi colifflŵar?'

'Be ti'n feddwl, be ydi colifflŵar?' medda fi.

'O'r rhestr ma i lawr yr ochor chwith ar y sgrin, be ydi colifflŵar? Dydio ddim yn fara. Dydio ddim yn ffrwytha. Be ydi o?'

O'n i'n teimlo fy hun yn cynhyrfu, achos oedd o'n dechra swnio fatha'r Misus yn swnio fel athrawes.

'Colifflŵar,' medda fi. 'Llysieuyn. Wedi amrywio o'r gabejan neu fresych os mynni di. Ei enw Lladin ydi *Brassica Oleracea Botrytis*. Rŵan, y cwbwl dwi isio wbod gin ti, Brian Hapi tŵ Help, ydi sud ydwi'n talu am y sglyfath?'

Roedd 'na giw tu'n ôl i ni erbyn hyn, a bobol yn rhythu arna i. Dyma Brian yn twtsiad 'llysiau' ar yr ochr chwith i'r sgrin a dyma 'na lunia o bob math o lysiau i fyny ar yr ochr dde.

'Twtsiwch lun y coli,' medda fo, ag am eiliad dyma fi'n chwilio am gi, ond dyma fi'n twtsiad llun y colifflŵar, a dyma 'na focsys hefo rhifa ynyn nhw yn dŵad i fyny ar y sgrin.

'*Quantity*,' medda Brian. 'Pwyswch 'un'.'

Oedd y ciw yn tyfu, a dyma fi'n clwad dyn hefo tatŵ ar ei dalcan yn deud:

'Blydi Pensiynîars.' Ond ddeudish i ddim byd. O'n i'n mynd i bwyso'r botwm 'un', pan glywish i'r blîpar yn mynd a'r gyffen yn tynhau am 'y mraich. Dyma fi'n trio ymlacio'n llwyr a sefyll yn stond o flaen y sgrin.

Glywish i ddynas yn gofyn: 'Ydio'n iawn? Ddyla fod 'na riwin hefo fo.'

Ar ôl i'r gyffen lacio, dyma fi'n cario mlaen. Ffendio llun y tatws a pwyso faint oedd gin i. Mi oedd 'na far côd ar y caws, a gesh i hyd i lun y donyts a pwyso faint oedd gin i eto. Gesh i drafferth hefo'r *Spinach and Ricotta Rolls*. Fedrwn i ddim cael hyd i drîts y Misus yn le'm byd.

Chwifio mreichia eto, a dyma Brian yn ei ôl.

'Trïa gael hyd i rhein,' medda fi. 'Dydyn nhw ddim yn anifail, dydyn nhw ddim yn llysiau, dydyn nhw ddim yn dda-da. Trïa di gael hyd iddyn nhw.'

O'n i'n falch, achos ddaru o fethu cael hyd iddyn nhw chwaith, a dyma fo'n galw am y swpyrfaisor. Ddaru honno fethu cael hyd iddyn nhw, a dŵad i'r casgliad fod nhw'n betha mor newydd doeddan nhw ddim ar y sgrin eto, a deud wrth Brian am eu rhoid nhw drwodd fel rwbath o'r un gwerth.

Roedd hi'n amser talu rŵan.

'O'r blydi diwedd,' medda'r talcan tatŵ o dan ei wynt, a bobol erill yn y ciw yn rhoid ochenaid o ryddhad. Dyma fi'n teimlo 'mhocedi a doedd 'yn walat ddim gin i. Teimlo pocedi 'nhrwsus, a doedd gin i ddim arian mân chwaith. Dyma fi'n cofio am 'y ngherdyn credyd mewn pocad fach tu mewn i'n siecad, a dyma fi'n rhoid 'y ngherdyn yn y peiriant, ond fedrwn i yn 'y myw gofio'r rhif pin. Do'n i ddim wedi iwsio'r cerdyn ers prynu gwin yn yr Almaen. Heblaw fod ddim yn gwbod y rhif pin dyma 'na fflach ar y sgrin:

'INVALID EXPIRY DATE'

Daeth Brian yn ei ôl fel shot a tynnu'r cerdyn o'r peiriant.

'Ma hwn wedi gorffen ers diwedd y mis,' medda fo. 'Tri diwrnod yndôl.'

Erbyn hyn roedd y talcan tatŵ yn nytio cledr ei law, a dyma fo'n taflu'i fasgad a'i siopa ar lawr a rhuthro allan fatha dyn gwyllt.

'Sgin i ddim sentan goch yn 'y mhocad,' medda fi. 'Dwi fatha'r Cwîn, dwi'm yn cario cash.'

Roedd y boi seciwriti wedi cyrraedd erbyn hyn, a dyma fo'n gneud yn glir i mi fod raid i mi adael fy negas wrth y ddesg a dŵad yn ôl hefo arian parod.

Nesh i benderfynu mynd adra a ffonio'r bobol cerdyn credyd i weld be fedrwn i neud i gael cerdyn newydd, cyn mynd i'r banc. Esh i'n oer drosta pan nesh i ddechra meddwl mod i wedi cael fy nghlônio.

Gesh i hyd i'r manylion yn y ffeil cerdyn credyd, ond doedd 'na ddim rhif pin i weld yn le'm byd, a dyma fynd ati i ffonio'r rhif ar dop y llythyr.

Wel, fush i'n pwyso botyma a gwrando ar fiwsig am chwartar awr tan nesh i gael gafael ar Mr Gupta yn India. Dyma fi'n 'sbonio'r broblem, a dyma fo'n gofyn cwestiyna i mi.

'Dyddiad geni?'

'Enw bedydd eich mam?'

'Eich hoff athro ysgol?'

'Rhif pin?'

'Wel, dyna di'r broblem,' medda fi. 'Fedra i yn 'y myw gofio.'

Oedd o'n swnio'n hen foi iawn, a fuo ni'n siarad am y tywydd tra roedd o'n mynd drwy'i gyfrifiadur. Yn sydyn dyma fo'n gofyn i mi: 'Ydi bob peth yn y tŷ'n saff? Dwi'n clwad sŵn blîpar.'

'Daliwch y lein, Mr Gupta,' medda fi, a symud i'r gadair gosa ac ymlacio mraich tra roedd y gyffen yn tynhau. Ar ôl iddi lacio dyma fi'n ôl at y ffôn, ond roedd Mr Gupta wedi mynd.

Dyma ddechra eto a mynd drw'r holl rigmarol unwaith yn rhagor, a dyma fi'n cael gafael ar Mr Prajapati.

'Dyddiad geni?'

'Enw bedydd eich mam?'

'Eich hoff athro ysgol?'

'Rhif pin?'

'Wel dyna di'r broblem. Fedra i ddim cofio,' medda fi.

'Fedra i neud dim byd heb rif pin,' medda Mr Prajapati.

Dyma fi'n chwarae 'ngherdyn trymp.

'Faswn i'n licio cael y gwasanaeth yn Gymraeg,' medda fi.

'Dim problem,' medda Mr Prajapati. ''Na'i'ch trosglwyddo i Abertawe.'

Chwanag o fiwsig cyn clywed llais melfedaidd ac acen y de.

'Bore da, Miriam yn siarad. Shwd fedra i helpu?'

Dyma fi'n deud fy stori eto.

'Dyddiad geni?'

'Enw bedydd eich mam?'

'Hoff athro ysgol?'

'Rhif pin?'

'Wel, dyna di'r broblem, Miriam bach,' medda fi. 'Dwi ddim yn cofio.'

'Fedrai mo'ch helpu heb rif pin,' meddai.

'Gwrandwch, Miriam,' medda fi. 'Pryd ddaru hyn ddechra? Sud daethon ni i fan'ma? Ers dalwm os o'n i isio siarad hefo manijar y banc, o'n i'n ffonio'r banc lle roeddan nhw'n cadw'r manijar ag oedd 'na berson yn ateb.'

Ond roedd hi wedi mynd a 'ngadael i wrth y ffôn yn nytio'r risifar fatha'r talcan tatŵ yn nytio cledr ei law.

Dyma benderfynu mynd i'r banc a dreifio i'r dre. Methu ffendio lle parcio. Welish i un lle – bae i ddau – hefo un clown hunanol wedi parcio yn y canol. Rownd a rownd nes gweld Mini Cooper yn tynnu allan a sleifio i mewn i'r gwagle ar ei ôl, a cerdded i'r banc gan obeithio y baswn i'n medru deud 'helo' wrth 'y mhres a datrys problem y cerdyn credyd.

Roedd 'na giw yn y banc bron at y drws, a hogyn plorog yn hofran ag yn gofyn i bobol os oeddan nhw jesd isio talu i mewn, oherwydd mi oedd 'na beiriant wrth y drws fasa'n cymryd y'ch pres.

'Ma gynna i isio siarad hefo person,' medda fi. 'Person go iawn sy'n dallt cardia credyd.'

'Fasa chi'n licio gneud apwyntment i weld y Manijar?' medda fo, ag edrach ar i lap top. 'Ma'i'n rhydd bythefnos i ddydd Iau.'

Tra roedd o'n deud hyn, dyma fi'n gweld y Manijar yr ochor arall i'r cowntar, a dyma fi'n chwifio'n nylo a tynnu stumia. Nath hi'n nabod i'n syth bin a dyma'i rownd ata fi. Dyma fi'n 'sbonio am y cerdyn.

'Dowch drwodd hefo fi,' meddai. 'Ma 'na swyddfa wag hefo cyfrifiadur ar y chwith i lawr ffor' hyn.'

Dyma ni'n ista un bob ochor i'r cyfrifiadur.

'Dyddiad geni?'

'Enw bedydd eich mam?'

'Eich hoff athro ysgol?'

'Rhif pin?'

'Îyr wi go, îyr wi go, îyr wi go,' medda fi w'tha fi'n hun. 'Dw'i jesd ddim yn cofio.'

'Peidiwch â poeni,' meddai. 'Mi ro'i rif pin newydd i chi.' A dyma'i'n 'i sgwennu fo i lawr. 'Cadwch o'n saff. Mi gewch gerdyn newydd drwy'r post ymhen tridia.'

Wel, faswn i wedi medru ei chofleidio. Roedd y ciw wedi teneuo erbyn i mi ffarwelio â'r Manijar, a gesh i dynnu pres o 'nghyfrif heb drafferth wrth y cowntar.

Esh i â'r arian i Asda a cael rhyddhau fy nwydda. Talu deg ceiniog am fag plastig, a deud ta-ta wrth Brian.

Newydd roid 'y mag i lawr yn bac citshin o'n i pan ddaeth y Misus i mewn drw'r drws ffrynt.

'Dach chi ddim wedi dechra'r cinio nos,' meddai. 'Be dach chi wedi bod yn neud drw'r dydd?'

'Ma'i'n braf yn India,' medda fi, a mynd ati i blicio'r tatws.

A bob awr drw'r gyda'r nos mi roedd y blîpar yn swnio a'r gyffen yn tynhau am 'y mraich. Ac ar ôl i ni fynd i'r gwely mi roedd hi yr un fath. Y blîpar bob awr.

Dau o'r gloch y bora, gesh i swadan gin y Misus.

'Cerwch â'r blîp blîpar a stwffiwch o i fyny'ch blîp blîp, a cerwch i gysgu ar y soffa achos ma gin i ddwrnod blîp prysur fory a dwi isio blîp cysgu.'

Am naw y bora, ro'n i yn E.C.G. yn cael tynnu'r monitor a'r gyffen.

'Ma'r mesura'n uchel,' medda'r technegydd ar ôl cael y print owt o'r cyfrifiadur a'i roid o yn fy llaw. 'Cerwch â nhw at y Doctor a geith o'u trafod nhw hefo chi.'

'Y hi,' medda fi. 'Doctor Metcalf. Y hi.'

A dyma ni'n trafod, a finna'n deud fy helyntion – y siopa a'r cerdyn credyd, a'r Misus a'r blîps.

'Ond ar gyda'r nos pan oeddach chi i fod i ymlacio,' medda Doctor Metcalf. 'Be oedd yn mynd ymlaen yn fan'ma?' a dangos sbeics ar y graff.

Dyma fi'n edrach ar y dyddiadur. Naw o gloch nos.

'Meddwl o'n i yn fan'ma am greulondeb dyn wrth ei gyd-ddyn,' medda fi. 'Yr holl ryfela. Yr holl gasineb. Yr afonydd o waed. Y moroedd o ddagra sydd wedi llifo ers fore oes.'

'Wel, ia,' medda'r Doctor. 'Ond ma'i'n angenrheidiol bod chi'n gweld petha mewn persbectif.' Dyma'i'n edrych eto ar y graff. 'A fan'ma, awr yn ddiweddarach. Be oedd yn mynd ymlaen yn fan'ma?'

'Lladron,' medda fi. 'Meddwl am ladron. Ma 'na saith bisgedan yn llai mewn pacad o fisgits siocled nag oedd 'na chwe mis yn ôl, a ma'r prisia wedi mynd i fyny. Lladron!'

'Trïwch ymlacio,' medda Doctor Metcalf yn garedig. 'Mi ro'i brisgripshon i chi er mwyn i ni ddod â'r pwysa gwaed 'na i lawr. Dim ond un dabled bob nos cyn mynd i gysgu.'

Wsnos yn ddiweddarach a doedd fy ngherdyn credyd newydd ddim wedi cyrraedd. Nesh i witiad tan ddau o'r gloch am y postman. Dyma fi'n ffonio'r banc. Syrpreis. Gesh i drwadd yn syth bin.

'Annette yn siarad. Sud medra'i helpu?'

Dyma fi'n deud fy stori.

'Dyddiad geni?'

'Enw bedydd eich mam?'

'Eich hoff athro ysgol?'

'Rhif pin?'

Rydwi am neud apwyntment arall hefo Doctor Metcalf. Dwi'm yn meddwl y bydd un dabled yn ddigon.

Dirgelwch

O'n i wedi mynd i roid petrol yn yr Astra. Ers dalwm pan o'n
i'n mynd i'r garej doeddan nhw ddim yn gwerthu dim byd ond
petrol, dîsyl a paraffîn. Rŵan ma nhw'n gwerthu bob peth –
logs, glo, pricia tân, papura newydd, cylchgrona, llefrith, caws,
fferins, peli plastig, pastis poeth, ag Yncyl Tom Cobli an' ôl.

O'n i newydd dynnu'r cap petrol a rhoid trwyn y beipan yn
y twll pan ddaeth 'na fan i'r ffôrcort a heibio'r pympia i gyd a
parcio yn ymyl entrans y lle talu. Dyma'r dreifar allan a dechra
llwytho bagia deg kilo o lo i mewn i'r fan.

'Dwi'n nabod hwnna,' medda fi wrtha fi'n hun. 'Bobi Brics,
buldar hunan gyflogedig, a wan man band, heblaw pan fydda fo
weithia'n gneud jobsus hefo'i frawd oedd yn blymar.'

'Sud wyt ti ers dalwm?' medda fi ar 'yn ffor i dalu. 'Wyt ti
wedi dechra rownd lo?'

'Wel, naddo achan,' medda fo. 'Gwrando ar y tywydd. Ma
nhw'n gaddo eira.' A dyma fo'n gorffan llwytho'r bagia melyn.
'Be, sgin ti dân glo?' medda fi.

'Nagoes achan,' medda fo. 'Yr hen ledi yn byw yn Bwcle. Ma
'mrawd a fi wedi cynnig rhoid sentral hîting i mewn am ddim.
Ond ma'i'n licio'i thân glo.'

'Yr hen ledi,' oedd Bob yn galw'i fam. A'r 'hen ddyn' oedd
ei dad pan oedd y criadur yn fyw.

'Dos â blancad a fflasg hefo ti,' medda fi. 'Does wbod be all
ddigwydd ar yr A55.'

Welish i mo'no fo wedyn am wsnosa, ond un bore dyna lle'r
oedd o eto yn y garej, a dyma fi'n atgoffa fo am y tro dweutha
welson ni'n gilydd.

'Gest ti'r glo i dy fam ?' medda fi.

'Gesh i draffarth, achan, ar yr A55. O'n i'n ofartecio yn yr
owtsaid lên yn gneud sicsti pan ddaru'r injan gytio allan, achan.
Ded. Dim byd. Gesh i gythral o job 'i chael hi i'r hard sholdyr.'

'Hon oedd hi?' medda fi yn pwyntio at y fan.

'Ia, hon achan. Y Vauxhall Vivaro.'

A dyma fi'n dechra canu:

'Y Vauxhall a Vivaro
Wrth gario glo i Fflint...'

Doedd Bobi ddim yn dallt hiwmor achos dyma fo'n deud: 'Naci, Bwcle, achan. Bwcle nid Fflint.'

Ddylswn i fod yn gwbod achos dwi'n cofio fi'n deud wrtho fo riw dro pan oedd o'n cwyno ei fod o'n rhy brysur:

'Ma 'na alw am fuldars da,' medda fi. 'Ma 'na gym'int o Gowbois yn Rhos Botwnnog.'

'A Caernarfon,' medda Bobi. 'Ma 'na fwy yn Gaernarfon.'

Mi oedd y diffyg hiwmor 'ma'n beth od, achos oedd ei frawd, Phil y Plymar, yn llawn hwyl. Oedd gynno fo jôc ar ochor ei fan.

PEIDIWCH Â CYSGU HEFO DRIP – FFÔNIWCH AM BLYMAR.

A wedyn ei rif ffôn. A pan gafodd Phil ei alw i dŷ Doctor Metcalf i drwsio byrst, ar ôl ffidlan am hanner awr dyma fo'n rhoi bil o chwe chant o bunna iddi.

'Mae hyn yn afresymol,' medda Doctor Metcalf. 'Dydw i ddim yn ennill chwe chant o bunna am hanner awr o waith.'

'Do'n inna ddim chwaith,' medda Phil, 'pan o'n i'n ddoctor.'

Rŵan os basa Bobi o gwmpas ar y pryd, fasa fo wedi deud, 'Fuost ti 'rioed yn ddoctor, achan.'

Ond nid dyna'r unig wahaniaeth rhwng y ddau. Roedd Bobi wedi bod yn briod ffyddlon am dros dri deg o flynyddoedd. A Phil, oedd yn iau, wedi bod yn briod dair gwaith, a fatha Clwb Pêl-droed Lerpwl, doedd o ddim yn meindio chwara oddi cartra.

A'r Misus a fi fuo'n cysuro Charles drws nesa ar ôl i'r plymar rhamantus redag i ffwr hefo Beryl ar ôl bod yno yn edrach ar ei hôfyr fflo.

Ddoth Charles adra un noson i dŷ hannar gwag. Oeddan nhw wedi mynd â bob peth fedra nhw ffitio i mewn i fan plymar

– bylbs, papur lafatri, a hyd yn oed washars tapia o'r drôr dan y sinc.

Roedd Charles mewn dipyn o stad. A dyna lle'r oeddan ni yn gneud paneidia o de cry iddo fo, a'r Misus wedi dŵad â mygs a tebot o'n tŷ ni. Fasach chi'n meddwl fasa nhw wedi gadael y tebot.

'Sgynna i ddim pot i b...'

'Isho panad arall?' medda'r Misus yn torri ar ei draws.

'Nest ti ddim ama dim byd, Charles?' medda fi.

'Erbyn meddwl,' medda Charles. 'Ma 'na betha'n dechra ffitio hefo'i gilydd.'

'Pa betha?' medda'r Misus, hefo'i llaw ar ei ysgwydd.

'Un diwrnod,' medda fo, 'pan o'n i'n hŵfro'r llofft ffrynt. Gesh i hyd i fynci rensh o dan gwely.'

'Nid bob dydd ma riwin yn ffendio mynci rensh o dan gwely,' medda fi. A dyma'r Misus yn llygadrythu arna i.

'O 'na riw gliw arall,' medda'r Misus, 'fod petha ddim cweit yn iawn?'

'Fuo Beryl ddim 'run fath ar ôl i Mistyr Fflyffi ddiflannu,' medda Charles. Roedd Mistyr Fflyffi yn cael mwy o fwytha na fi, ag ar ôl iddo fo fynd ar goll ma raid ei bod hi wedi trosglwyddo'i theimlada.'

'I Phil ddy sinc,' medda fi. A dyma'r Misus yn rhythu eto.

'O 'na rwbath arall?' meddai. 'Rwbath o gwbwl?'

'Wel,' medda Charles. 'Ddosh i adra un noson, ag oedd hi ar y ffôn hefo fo yn darllen rhestr o stwff oedd gynno fo isio'r hôlsêlyrs y bora wedyn. Oedd o wedi dod yma yn y pnawn i jecio'r rêdietyr a wedi gadael ei ddarn papur ar y bwr coffi medda Beryl.'

'Ffashiwn betha oedd ar y list?' medda'r Misus. A faswn i'n taeru ei bod hi'n cael boddhad o wrando ar helbulon Charles.

'Ma'r rhestr gin i,' medda Charles. 'Nesh i ddechra ama fod 'na rwbath yn mynd ymlaen ond fedrwn i ddim rhoid 'y mys arno fo. Nesh i slipio'i i'n walat.' A dyma fo'n ei thynnu allan.

'Be oedd ar y list, Charles?' medda'r Misus eto.

'Oedd hi'n darllen mewn llais hysgi,' medda Charles, 'a'i llyg'id hi'n perfio.'

'*Six inch chunky chrome towel rail, pipe insert, grab ring push fit, side entry brass valve, slip coupling, spout O ring, collet teeth pipe grip, two hole mixer tap, copper loop, rubber cap plunger.*'

'Be di *spout O ring*?' medda fi.

'Dyna faswn i'n licio wbod hefyd,' medda Charles yn llawn teimlad.

Ar y ffor adra dyma fi'n deud wrth y Misus ei bod hi'n cymryd lot o ddiddordeb ym mhroblema Charles.

'Ma dynas yn licio gwbod be ma dynas arall yn neud pan ma'i'n cael affêr,' medda'r Misus.

'Busnesa ydi peth felna,' medda fi.

'Galwch o'n be liciwch chi,' medda'r Misus.

'O's 'na ddim ond dau beth sy'n ddirgelwch i mi,' medda fi. 'Pam oedd hi'n siarad fatha ci? A be oedd o'n neud hefo mynci rensh o dan gwely?'

'Be dach chi'n feddwl siarad fatha ci?' medda'r Misus.

'Oedd Charles yn deud ei bod hi'n siarad mewn llais hysgi,' medda fi.

'Hysgi dyfn,' medda'r Misus. 'Nid Hysgi bow wow.'

Wel, dyna un dirgelwch wedi'i esbonio.

Pan glywodd Bobi am hanes ei frawd, oedd o'n gandryll, achos oeddan nhw wedi gneud lot o waith yn nhŷ Charles a Beryl, a nid dyma'r tro cynta i Phil chwalu cartra. A mi roth Bobi fac citshin newydd i Charles am hannar pris. Teimlo drosto fo ma'n rhaid.

Pan oedd o'n adnewyddu'r llawr, ar ôl codi'r carpad, dyma fo'n sylwi fod un o'r fflôrbords o dan y rêdietyr yn rhydd. A dyma fo'n ei godi i weld be oedd yn bod. Cafodd hyd i fwndal o lythyra caru rhwng Beryl a Phil wedi'u clymu hefo'i gilydd hefo ruban pinc. Doedd o ddim yn gwbod be i neud, a dyma fo'n eu stwffio nhw i'w fag bwyd hefo'r bwriad o fynd â nhw i'r iard i'w llosgi. Ond chwilfrydedd a laddodd y gath, a dwi'n gwbod rwbath am ladd cathod, a dyma 'na riw hen ysfa yn ei orfodi i agor un enfilop.

Dwi'n gwbod hyn am fod Bobi wedi deud wrtha i, a'n siarsio i beidio deud wrth neb. Felly faswn i ddim yn licio i hyn fynd ddim mymryn pellach.

'Be oedd y sglyfath budr isio'i neud,' medda Bobi, 'oedd, yn gwisgo dim byd ond ofarôl, achan, mynd dan y gwely hefo mynci rensh a ...'

A dyma ffôn symudol Bobi yn canu ac ynta yn ei atab.

'Rhaid i mi fynd,' medda Bobi. 'Ma 'na gwsmar mewn cythral o dempar, achan. Nesh i adael bag o sment a pedwar bag o sand hefo fo chwech wsnos yn ôl. Ag os na'i ddim dechra'r job bora 'ma mae o am fynd i weld twrna.'

'Ond be oedd o'n neud hefo'r mynci rensh?' medda fi.

'Mi ddeuda i wrthat ti eto,' medda fo, a rhedag at y fan.

Ond nath o ddim achos ddaru o werthu'r busnas a symud i Bwcle hefo'i wraig er mwyn bod yn nes at yr hen ledi. Welish mohono fo wedyn a dwi'n dal yn y tywyllwch. Ond dyn felna ydwi. Heblaw am un nos ola leuad, dyn ffymblo yn y tywyllwch dw i wedi bod erioed.

D.I.F.O.R.S

Ma'r Misus a fi'n mynd i gael D.I.F.O.R.S. Ma'n rhaid i mi ganu'r llythrenna fatha Tammy Wynette rhag ofn i Jo bach glwad. Dio'm ond fforti wan, a fasa fo'n ypsetio os basa fo'n ffeindio allan. Fasa fo'n rhedag rownd y tŷ 'cw yn 'i wansi yn beichio crio. Dwi wedi deud wrtho fo fod 'i fam wedi mynd i weld Anti Lois am ddiwrnod neu ddau.

O'n i'n gwbod ein bod ni mewn trwbwl pan ddechreuodd y Misus leinio caej y byji hefo llunia'r briodas.

'Dwi'n y'ch gadael chi,' meddai w'tha fi ddechra'r wsnos.

'Gwitiwch, ddo'i hefo chi,' medda fi. Ond erbyn i mi fynd i'r llofft i nôl 'y nghôt, roedd hi wedi mynd a cau'r drws yn glep nes bod yr ornaments yn neidio ar y silff uwchben y rêdietyr.

Ma gwraig Charles drws nesa wedi'i adael o hefyd. Oedd y ddau ohonan ni allan yn yr ar' ganol bora 'ma yn hongian dillad ar y lein, ag yn trafod p'run ai Ariel ta Persil oedd y gora am gael staen mafon duon allan o ddrôns a syrcyn gwyn.

O'n i'n meddwl fod Charles yn ffansïo'r Misus ar un adeg, achos dwi'n 'i gofio fo'n gofyn i mi os oedd y Misus yn un hawdd 'i phlesio.

'Sgin i ddim syniad,' medda fi. 'Dwi 'rioed wedi trio.'

Rhwngtha chi a fi a'r parad, a faswn i ddim yn licio i hyn fynd ddim pellach, neuthon ni drio waiff swaping yn y chwe dega. Roethon ni oriada'n motos mewn powlan bwdin a rhoid yn d'ylo i mewn fatha lyci dip. A felly bu, neuthon ni gyfnewid partneriaid. Ag ar ôl riw ddwy awr dyma Charles yn gofyn i mi:

'Dybad sud ma'r genod yn dŵad yn 'u blaen?'

Ar ôl i mi orffan pegio allan, dyma fi'n gofyn i Charles roid cnoc ar y ffenast os basa fo'n 'i gweld hi'n dechra bwrw, achos o'na gymyla duon yn llechwra allan i'r môr draw i gyfeiriad Sir Fôn. A mi 'sbonish i fod yn rhaid i mi fynd i'r bac citshin i gwcan fel bydda nhw'n ddeud yn y sowth, a bod 'na ddim ffenast yn bac citshin i mi weld gola dydd.

Nesh i bowliad o sgotsh broth i Jo, hefo brechdan siwgr yn

bwdin hefo'r crystia wedi'u torri i ffwr'. Oedd y Misus wedi'i sbwylio fo, a rŵan y fi oedd yn talu'r pris.

O'n i a'r Misus wedi dadla lawer gwaith fod Jo yn dal adra yn byw hefo ni.

'Ma plant yn aros adra'n hirach y dyddia yma,' medda'r Misus. 'Fedran nhw ddim fforddio tai, a dydyn nhw ddim isio mynd allan. Ma nhw'n licio'u hôm cymffyrts, plant yr oes heddiw.'

'Ond ma'n fforti wan!' medda fi. 'Ma'i'n amsar iddo fo neud ei ffor 'i hun yn y byd.'

'Ar gyfartaledd,' medda'r Misus, yn dechra swnio fatha athrawes, 'dydi plant heddiw ddim yn gadael y nyth tan ma nhw'n dri deg tri.'

'Ond ma 'na wyth mlynadd ers oedd o'n dri deg tri,' medda fi. 'Dwi'n cofio'r te parti a'r ffansi hats.'

Gesh i'r driniaeth dawedog wedyn. Doedd dim modd crybwyll y peth. Ond be oedd yn 'y ngwylltio fi yn fwy na dim oedd ei bod hi'n gadael iddo fo ddŵad i'n gwely ni pan oedd o wedi dychryn yn ganol y nos. Fydda fo'n taro'r gola ymlaen a neidio rhwngtha ni yn 'i wansi felan fatha ffurat i dwll gwningan.

'Be aflwydd sy'n bod?' medda fi.

'Bo Bo,' medda fo.

'Bo Bo,' medda fi. 'Does 'na ddim Bo Bo. Lle mae Bo Bo?'

'Dan y gwely,' medda fo. 'Mae o'n byw o dan gwely.'

'Does 'na neb yn byw dan gwely,' medda fi. 'Os basa 'na Fo Bo yn byw dan gwely fasa'r cownsil wedi codi bedrwm tacs arna i.'

'Gadwch lonydd iddo fo,' medda'r Misus. 'Dach chi ddim yn gweld 'i fod o wedi dychryn? Cerwch i gysgu. Na'i edrach ar ôl Jo.'

'Ond fedra i ddim cysgu hefo'r gola ymlaen,' medda fi. Gesh i'r driniaeth dawedog eto. Neb yn deud dim byd. Ond o gornal 'yn llygad mi welish i Jo'n crechwenu a fuo jesd i mi roid slap i'r pulw.

O'n i wedi bod yn meddwl am hyn tra roedd Jo yn b'yta, a dwn i'm be ddoth drosta i, ond ar ôl iddo fo orffan 'i ginio a finna orffan golchi'r llestri, dyma fi'n penderfynu deud y gwir wrtho fo am 'i fam a fi.

Esh i drwadd i'r lownj, a dyna lle'r oedd o yn ista i lawr yn 'i wansi yn chwara gêm o *Call of Duty* ar 'i x-bocs. 'Biti na fasa ti'n cael *Call of Duty* i chwilio am job,' medda fi wrtha fi'n hun, ond ddeudish i ddim byd.

'Rho'r gora i hwnna am funud,' medda fi. 'Ma gynna'i rwbath i ddeud wrtha ti.'

Nath o ddim cymryd sylw tan nesh i dynnu'r plỳg o'r wal a sefyll rhwngtho fo a'r sgrin.

'Gwranda Jo,' medda fi, mor dyner ag y medrwn i. 'Wyt ti'n hogyn mawr rŵan. Fyddi di'n fforti tŵ tro nesa. Ma gin i rwbath dwi i isio ddeud wrthat ti. Does 'na ddim ffor' hawdd o ddeud hyn.' A dyma fi'n 'i floeddio fo allan.

'Dydi mami ddim yn dŵad adra byth eto.'

Wel, mi ga'th sterics. Llechio'i x-bocs yn erbyn y wal, a rhedag i fyny'r grisia a cloi'i hun yn y bathrwm.

'Ty'd allan, Jo bach,' medda fi. 'Gawn ni drafod hyn fel dynion.'

'Ti'n deud clwydda,' medda fo, yn gweiddi drwy dwll y clo. 'Yr hen gelwyddgi budr.'

'Hei!' medda fi. 'Nid felna wyt ti'n siarad hefo dy dad.'

'Celwyddgi,' medda fo wedyn. 'Celwyddgi, celwyddgi, celwyddgi.'

Yn sydyn dyma'r drws yn agor, a dyma fo allan a heibio fi fatha winci yn sgrialu i lawr y grisia, a finna ar 'i ôl o.

Nesh i ddal o i fyny yn bac citshin. Oedd o wedi tynnu hwd 'i wansi dros 'i ben ag yn gwynebu'r wal.

'Hei, cym on, Jo bach,' medda fi.

'Dwi'm isio ti,' medda fo. 'Dwi isio mami.'

Dyma fi'n ystyn allan am 'i law o ag yn ei phatio hi'n dyner. 'Ty'd drwadd i'r lownj,' medda fi, 'a mi ddeudai'r hanes w'tha ti heb flewyn ar 'y nhafod. Without a hair on my tongue.' A dyma fi'n sticio 'nhafod allan.

Ddaru 'i dymer o ddechra sgafnu a dyma fo'n pwffian chwerthin nes i fybyls o lysnafedd ddŵad allan o'i ffroena fo. 'Arwydd da,' medda fi w'tha fi'n hun. A dyma fi'n cydiad yn 'i law o a'i dywys i'r lownj.

'Yna chdi, Jo,' medda fi. 'Gorfadd ar y soffa, a mi ddeuda'i bob peth wrthat ti.'

Mi orfeddodd, a dyma fi'n tynnu'n llaw yn ysgafn dros 'i dalcan o mewn rythm cyson nes oedd o wedi ymlacio.

'Weithia,' medda fi, 'er bod mami a dadi yn caru Jo bach am byth bythoedd, weithia ma mami a dadi yn syrthio allan o gariad hefo'i gilydd, a pan ma mami yn rhoid llun gwynab dadi ar lawr caej Priti Boi Bili a hwnnw'n gneud pw arno fo Jo, ma petha wedi mynd yn rhy bell.'

Am riw reswm roedd o'n gweld hyn yn ddoniol, a dechreuodd wenu o glust i glust tra 'ro'n i'n dal i dynnu'n llaw dros ei dalcan. Dechreuodd gau'i lygid, ac ymhen dim roedd o'n cysgu'n sownd.

'Diolch byth,' medda fi wrtha fi'n hun, 'fod y storm yna drosodd.' Ac fel roedd o'n cysgu o'n i'n edrach ar 'i wynab o ag yn trio dyfeisio p'run ai i mi ta i'r Misus oedd o'n debyg. Tra o'n i'n synfyfyrio, a Jo yn dechra chwyrnu, dyma 'na glec fatha taran ar y ffenast ag un arall ag un arall.

'Ma'i'n dechra bwrw,' gwaeddodd Charles drws nesa. 'Fydd y dillad yn socian.'

Ddaru'r clecian ar y ffenast ddeffro Jo, a neidiodd tua chwe modfedd oddi ar y soffa, hofran yn yr awyr am eiliad, a landio i lawr yndôl, a dechra beichio crio.

'Bo Bo,' medda fo. 'Ma Bo Bo wedi cyrraedd.' A dyma fo'n bownsio i fyny'r grisia fatha cangarŵ, a mi glywish i ddrws y bathrwm yn cloi unwaith eto.

Esh i hefo 'masgad blastic i nôl y golchi oddi ar y lein, a pan o'n i ar fin mynd yndôl i'r tŷ, mi welish fan y postman yn tynnu i fyny yn y stryd. Dyma fi'n edrach ar 'yn watsh. Roedd hi'n chwarter wedi dau.

Ers dalwm, dyn yn dŵad ar gefn 'i feic ben bora oedd

postman. Wedi'i wisgo mewn iwnifform smart a bathodyn yn 'i gap ag yn 'y ngalw fi'n Mr Williams. Dyma 'na lanc digon sgryffi allan o'r fan hefo'i grys tu allan i'w shorts. Shorts yn ganol glaw!

'Llythyr i ti mêt,' medda fo w'tha fi, a'i drawo fo yn y fasgad hefo'r dillad. Ddeudish i ddim byd. Ar ôl mynd i'r tŷ, dyma fi'n edrach ar yr enfilop. O'n i'n nabod y llawsgrifen, a dyma fi'n ista i lawr a darllen y llythyr cyn mynd i fyny'r grisia a cnocio ar ddrws y bathrwm.

'Jo,' medda fi, mor dendar â medrwn i. 'Jo, ma mami yn dŵad adra fory.'

'Celwyddgi,' medda fo'n ddagreuol drwy dwll y clo.

'Na, o ddifri Jo,' medda fi. 'Agor y drws, na'i ddangos y llythyr i ti. Wyt ti'n nabod llawsgrifen dy fam yn'dwyt?'

Dyma fi'n clwad y bollt yn symud a'r drws yn agor.

Dwi'n meddwl fydd rhaid rhoid y D.I.F.O.R.S. ar hold.

Caru Cymru Dot Com

Ma'i wedi mynd o ddifri y tro yma. Ma'i wedi mynd â Jo bach hefo hi. Ddosh i adra o 'ngwaith nos Lun dweutha a mi roedd y lle yn wag – wedi mynd â'i phetha i gyd. Brwsh dannadd a bob peth. Mi roedd 'y mrwsh i yn edrach reit unig ar ben ei hun yn swatio yn y mŷg. Nodyn ar y bwr': 'Fedra'i ddim cymryd hyn dim mwy. Gobeithio y'ch bod yn ddallt.' Short and swît. 'Chi' fyddan ni'n galw'n gilydd erioed. Dangos parch.

Oedd hi wedi bod yn helynt y noson gynt. Ma'r Misus yn licio ordor yn ei bywyd, a ga'th hi hyd i gyllath yng nghompartment y ffyrcs yn y drôr yn bac citshin. Y fi wedi gneud camgymeriad ma raid ar ôl sychu'r llestri swpar. Wel, 'sach chi'n meddwl mod i wedi boddi cathod bach hefo'u llygid yn gorad ym mhowlan y lafatri y ffordd oedd hi'n cario mlaen.

'Ma'r saer wedi gneud y compartments yn y cytlyri bocs yn bwrpasol,' meddai. 'Lle i bopeth a phopeth yn ei le. Y cyllill, wedyn y ffyrcs, llwya swp, llwya pwdin, a'r llwya te yn gorfadd yn daclus ar y llorwedd yn y compartment bach yn y gwaelod. Fel'na ma'i fod. Dyna di'r drefn.' A dyma hi'n sgrialu i fyny'r grisia a finna ar ei hôl hi i'r llofft ffrynt. Ag a deud y gwir nesh i rwbath digon plentynnaidd, nesh i wagio cynnwys y drôr sana i mewn i ddrôr y tronsus a gweiddi: 'Pic an mics. Pic an mics.'

Fuo raid i mi gysgu ar y soffa. Gawn i ddim mynd yn agos i'r gwely, a brecwast digon distaw gesh i'r bora wedyn ar ôl 'i brepario fo'n hun. Wy wedi'i ferwi hefo pinshad o halen a tamad o fara menyn. Nesh i olchi 'mhlât a'r ecob a gneud yn siŵr mod i wedi rhoid y llwy de yng nghompartment y llwya te yn y cytlyri bocs, a rhoid y llian sychu llestri i hongian yn daclus ar handlan y popdy cyn gweiddi 'Ta ta blodyn,' a cau'r drws ffrynt yn dawel.

A dyma fi, wyth awr yn ddiweddarach, adra i dŷ gwag a distaw. A does 'na ddim byd mwy gwag a distaw na tŷ gwag a distaw.

Am funud ne ddau mi oedd gynna i biti drosta'n hun, a dyma fi'n teimlo lwmp yn 'y ngwddw a deigryn yng nghornal 'yn llygad dde.

'Twt lol,' medda fi wrtha fi'n hun. 'Di peth fel hyn yn da i'm byd. Ma'i wedi mynd. Ma'i'n amsar i ti chwilio am ddynas arall,' a mi roish awr a hanner i mi fy hun i alaru'n iawn cyn mynd ar y we i chwilio am bartnar newydd.

Nesh i gysidro trio *speed dating* ar ôl gweld hysbys yn y Daily Post ond o'n i'n meddwl y basa peth felly'n rhy sydyn i mi.

A dyna lle'r o'n i ar wefan Caru Cymru Dot Com yn rhoid fy manylion yn y bocsys. Ar ôl teipio'n enw, Gwynn, hefo dybyl 'n', Williams, mi esh ati i lenwi'r gweddill.

OED: Rosh i stretsh arni yn fanma a deud mod i'n bymthag mlynadd iengach nag ydw i.

LLYGAID: Ashiwyr blŵ.

RHYW: Ia, plîs.

A felly esh i nes o'n i wedi llenwi'r bocsys i gyd, a rhoid 'y nghyfeiriad e-bost yn y bocs yn y gwaelod, cyn clicio 'send' a disgwyl am y ffaiyrwyrcs.

Ymhen dim gesh i wahoddiad o Sir Fôn i gwrdd â Buddug o Rhosybol ar noson *singles* mewn hotel ym Mhorthaethwy ar y nos Wenar.

'Risylt!', medda fi w'tha fi'n hun eto cyn swagro i'r bac citshin i agor potel o Chateauneuf-du-Pape o'n i wedi guddiad tu'n ôl i'r tymbyl draiyr.

Fedra nos Wenar ddim dŵad yn ddigon buan i mi, ag o'r diwedd fe ddaeth y noson fawr, a dyna lle'r o'n i yn y llofft yn gneud 'yn hun yn barod. O'n i wedi rhoid Eau du Cologne tu'n ôl i 'nghlustia, a mymryn o dalcym powdyr down bilô, cyn mynd i'r drôr i nôl trôns a sana glan. O'n i'n dechra difaru mod i wedi bod mor fyrbwyll â cymysgu cynnwys y ddwy ddrôr y noson cyn ymadawiad y Misus. Gesh i hyd i bâr o sana glas oedd yn matshio hefo'r trôns a dyma fi'n trawo nhw amdana ag edrach yn y lwcin glas. O'n i'n debyg i Little Boy Blue. Be sa'i'n meddwl mod i'n Dori? Dyma fi'n 'u newid nhw am ddrôns a syrcyn a sana botyl grîn. Wedyn crys gwyn a tei pêsli, siwt nefi blŵ a slip-ons brown, ag o'n i'n barod am Ros y Bol.

Cyn gadael y llofft dyma fi'n gneud y gwely fel roedd y

Misus wedi 'nysgu fi – hosbitol cornyrs – a trawo pacad o bricoshiyns o dan y pulw rhag ofn y basai isio dŵad yn ôl i fanma am lyf ffest.

Oedd 'y nghalon i'n curo bymthag y dwshin pan gerddish i mewn i lobi'r hotel.

'Lle ma'r stafall *singles*?' medda fi wrth y bownsar.

'Ma nhw'n fancw, ylwch,' medda fo. 'Yn y Starlight Suite. Ma nhw fatha ieir ar drana. Ma nhw'n disgwyl petha mawr heno.'

Mi oedd 'na tua pymtheg o ferchaid a dau hen ddyn yn dawnsio mewn stafall go dwyll a'r belan wydr yn taflu sbotia bach o ola fel tasa'i'n bwrw eira.

Dyma fi'n cerddad ar draws y llawr, yn bwriadu ista ar un o'r cadeiria oedd o gwmpas i drio gweithio allan p'run oedd Buddug pan ddaru 'na ddynas go fawr hefo gwallt blond potal hefo rŵts du gydiad yna fi reit ryff.

'Y chi ydio'n de?' meddai. 'O'n i'n gwbod y munud ddaru chi gerddad drw'r drws. Gwynn hefo dybyl 'n'. Y fi ydi Buddug hefo dybyl 'd'. Dach chi'n nheip i.'

'Sud dach chi'n gwbod?' medda fi.

'Dach chi'n anadlu,' meddai, a lapio'i breichia amdana i'n dynn.

Wel, mi fuo ni'n dawnsio drwy'r nos, ac ar ôl i'r DJ gyhoeddi'r ddawns ola, dyma'i'n cydiad yno fi gerfydd 'y ngarddwn.

'Dach chi'n dŵad adra hefo fi,' meddai. 'Dwi wedi penderfynu.'

Gesh i ordors i ddilyn ei char, ac ymhen chwinciad roeddan ni'n mynd i gyfeiriad Rhosybol, y fi yn yr Astra a hitha yn ei Golff, fel tasa ni'n dianc ar ôl lladrata banc. Dyma gyrraedd y bynglo, a dyma fi'n parcio tu'n ôl iddi.

'Fasa chi'n licio rhoid y'ch car yn 'y ngarej i?' meddai w'tha fi reit brofoclyd.

'Fydd o'n iawn yn y stryd,' medda fi, a'i dilyn hi i'r tŷ.

'Dowch i fan'ma i'r lownj,' meddai, a rhoid y tân ymlaen.

'Gnewch y'ch hun yn gyfforddus. Mi a'i i neud panad a darn o gacan riwbob hefo mymryn o grîm. Ddy wê tw y man's hart.' A dyma'i i'r bac citshin a 'ngadael i o flaen y gias ffaiyr yn disgwyl am 'y nhamad.

Yn sydyn dyma'i drwadd hefo'r te a'r gacan, ac er fod 'na ddigon o le dyma'i'n ista ar y mat o flaen tân reit yn ymyl 'y nhraed i a pwyso'i phenelin ar 'y mhen-glin.

'O Gwynn hefo dybyl 'n',' meddai. 'Gobeithio nad ydach chi yn Wynn glân. Da'ch chi am aros dros nos yn dydach? Gewch chi gysgu hefo fi. Buddug hefo dybyl 'd'.'

Ar ôl edrach ymlaen cymaint, nesh i gynhyrfu braidd. Er ei bod hi'n 'y ngalw fi'n 'chi' fatha'r Misus, doeddwn i 'rioed wedi dŵad ar draws dynas mor bowld. A gesh i ddarlun clir ohoni yn 'y meddwl yn pownsio arna i yng nghanol nos, a finna'n mygu.

'Fedra'i ddim,' medda fi. 'Sgin i ddim pyjamas.'

'Peidiwch â poeni,' meddai, yn patio mhen-glin. 'Gewch chi iwsio rei'r gŵr.'

'Gŵr?' medda fi yn neidio i fyny. 'Neuthoch chi ddim sôn dim byd am ŵr. Pryd ma hwnnw'n dŵad adra?'

'Y diweddar ŵr,' meddai. 'Mae o wedi mynd ers talwm ond ma'i byjamas o'n dal gin i.' A cyn i mi gael cyfle i drio'r gacan riwbob, dyma'i'n cydiad yna fi a 'nhywys i tua'r llofft.

'Mi a'i i'r bathrwm i brepario,' meddai, a 'ngadael i yn y llofft ffrynt. 'Ma'r pyjamas yn yr êring cybyrd. Helpiwch y'ch hun.'

Ar ôl tynnu amdana i drio'r pyjamas, mi gesh i graisus diffyg hyder ar ôl catshio fi'n hun yn y lwcin glas yn nrws y wardrob. Roedd 'y nghoesa fi'n dew yn y top ag yn dena yn y gwaelod, a doedd gin i ddim mymryn o flew rownd 'yn ffera. Roeddan nhw'n debyg i goesa tyrci welish i'n hongian yn ffenast siop bwtsiar tua wsnos cyn y Dolig.

A pan dri'ish i'r pyjamas amdana, roedd y tacla'n rhy fawr. Fasach chi wedi medru ffitio dau ohona'i i mewn i un o goesa'r trwsus. Do' 'na ddim byd amdani ond rowlio'r coesa i fyny a clymu'r cortyn rownd 'y mrest jesd o dan 'y ngên. Dyma fi'n trio'r siecad wedyn, ond roedd y llewis bron at y llawr.

O'n i'n trio meddwl be i neud pan ddoth y dybyl 'd' i mewn gynta a Buddug ar ei hola nhw mewn bêbi dol naiti a'i slipars fflyffi.

'O Gwynn,' meddai. 'Sgynnoch chi ddim d'ylo. Dach chi'n da i 'im byd i ddynas heb dd'ylo,' a dyma'i'n dechra trochi llewis siecad y pyjamas. Dyma fi'n catshio fy hun yn y lwcin glas unwaith eto. Do'n i ddim wedi cael cyfle i roid crib drw' ngwallt ar ôl tynnu'n syrcyn, ag roedd o'n sticio i fyny fatha ceiliog rhedyn, fel taswn i wedi cael sioc. O'n i'n debyg i riwin ddyla fod yn ista yn sêt gefn mini bys hefo cêryr.

Dyma'i'n cydiad ynaf fi gerfydd cortyn y pyjamas a mynd â fi i gyfeiriad y gwely.

'Ma'r pyjamas 'na'n y'ch siwtio chi,' meddai. 'Ma nhw'n byjamas da – Marks and Spenser – fuo'r gŵr farw yn rheina.'

Do'n i ddim yn teimlo'n rhy dda erbyn hyn, ag o'n i'n gobeithio fod beth bynnag a gafodd y diweddar ŵr ddim yn catshing. Yn sydyn dyma'i'n edrach i fyw 'yn llygid i, a dyma'i'n deud: 'Deudwch rwbath rhamantus wrtha i.'

'Mi rasia'i chi i gysgu,' medda fi, cyn diffodd y bedsaid lamp. 'Gawn ni garu yn y bora,' a dyma fi'n troi 'nghefn ati a cocsio cysgu.

'Ma hyn yn ddusapointment mawr i mi,' meddai. 'Dwi'm yn siŵr os medra i witiad tan y bora.'

'Fydd raid i chi,' medda fi. 'Dwi ar 'y ngora yn y bora. Fydd y dillad gwely fatha tent sipsiwn.' Mhen yr hir a'r hawg dyma fi'n 'i chlwad hi'n chw'rnu, a sylwi fod 'na riw lygedyn o ola yn dŵad i mewn drw'r ffenast. Roedd hi'n gwawrio.

'Wel now or nefar,' medda fi wrtha fi'n hun, a codi'n ddistaw a sleifio allan o'r llofft hefo'n nillad yn 'yn haffla. Gadewish i'r pyjamas ar y bwr yn bac citshin cyn gadael 'yn hun allan yn ddistaw bach.

Fydd gryn dipyn o amser eto ma'n siŵr cyn yr a'i i lenwi bocsys Caru Cymru Dot Com.

Hapi Crysbas

Nesh i ddim ponshio hefo coedan y Dolig cynta o'n i ar ben fy hun. Nesh i ddim ponshio hefo cinio Dolig go iawn chwaith. Ddoth y Royal Albert ddim allan o'r cwpwr, na'r ceirw allan o'r drôr, na'r trimins allan o'r bocs. Heb y Misus, be oedd y pwynt?

Nid felly o'n i wedi gynllwynio yn ôl ym mis Hydref. Ro'n i'n edrach ymlaen i gael partis – secs, drygs, a roc an rôl. Ro'n i am adael hynny o wallt sgin i ar ôl i lawr hyd yr eithaf. Hôps mul yn y Grand National. Fedar dyn ddim bod yn be dydi o ddim. Am flynyddoedd fush i'n breuddweidio am ryddid. A rŵan yn rhydd fedrwn i ddim ymdaro.

O'n i wedi mynd i 'ngwely yn reit handi y noson gynt, ag wedi hanner obeithio y basa Santa yn dŵad â'r Misus a Jo yndôl yn ei sach. Faswn i'n deffro'r bora wedyn a'u gweld nhw rownd y gwely yn agor eu presanta yn wên o glust i glust. Nesh i ddeffro hefo'r wawr ag roedd y botal ddŵr poeth wedi oeri a 'nannadd i'n crenshian. A dyma daro hen ddresing gown amdana a mynd i lawr y grisia a ffonio'r sbîcing cloc am fymryn o gwmpeini.

'Ar y trydydd strôc fydd hi'n ugian munud i bump.'

'O,' medda fi wrtha fi'n hun. 'Ma hwn yn mynd i fod yn ddiwrnod hir.'

Mi nesh i damad o frecwast. Dyna lle'r o'n i yn y bac citshin yn cwcio becyn yn fy slipars, ag yn meddwl: 'Rhaid i mi brynu padall ffrio.'

Fydda'r Misus wastad yn 'y ngyrru fi am fath pan fyddwn i'n ddigalon. Ag ar ôl brecwast dyna be nesh i.

Fydda i'n licio cael shêf yn y bath. Digon o sebon a rasal finiog a ma ngwynab i'n llyfn fatha marblan. Dwi'm angen lwcin glas. Dwi'n cofio bob tro a lein a bwmp. Faswn i'n medru siafio hefo mwgwd am fy llyg'id.

Ma raid mod i wedi syrthio i gysgu achos nesh i ddeffro a teimlo 'nŵr i'n oer. A dyma godi o'r bath a gwisgo amdana ag i lawr y grisia unwaith eto. Roedd hi rŵan yn toc wedi chwech.

Doedd dim ond deunaw awr i'w llenwi a fydda'r Dolig drosodd. Hwre.

Dyma fynd ati i gynnu tân. Bath a shêf a tân, tri peth i neud i riwin deimlo'n well. Unwaith ma'r fflama'n dawnsio yn y stôf goed, ma dyn yn gallu breuddweidio. Fuo raid i mi dorri tanwydd allan o ddarna o tŵ-bai-wan o'n i wedi achub o sgip i lawr y ffor'. 'U torri nhw yn dena fel waffars a ma nhw'n cynnu'n syth bin. Fydda i byth yn iwsio papur newydd i gynnu tân – ffaiyr laityrs bob tro. Ma papur newydd yn creu y math o ludw anghywir i stôf goed. Ar gefn pacad o ffaiyr laityrs ma 'na bedwar diagram yn dangos sut i gynnu tân. O'n i'n meddwl am hyn tra o'n wrthi hefo'n wyallt yn y cefn.

Ma 'na wyth oes iâ wedi bod yn ystod yr wyth gan mil o'r blynyddoedd dweutha 'ma. Bob un wedi'i gwasgredio hefo cyfnoda cynhesach. Yr *interglacials* fel ma'r gwyddonwyr yn eu galw nhw. Mae dynion a merched wedi goroesi hyn i gyd drwy feistroli tân a dyfeisio dillad. A rŵan ma pobol mor stiwpid ma isio pedwar diagram i ddangos sud i gynnu tân. A rhybudd ar gefn y pacad i beidio byta'r ffaiyr laityrs!

Fydda i'n licio iwsio logs wedi'u sychu mewn odyn. Di logs tamp yn da i ddim byd. Ma nhw'n hisian a gneud gwydr drws y stôf yn ddu.

Ymhen dim roedd y tân yn rhuo, a dyma fi'n cau'r lifar sy'n rheoli'r tynfa ac ista'n ôl i synfyfyrio wrth wylio'r fflama'n llyfu'r coed. O'n i'n teimlo'n well rŵan, ond ddaru o ddim para'n hir achos nesh i deimlo'n unig eto pan ddaru un o'r logs fy atgoffa o drwnc. A dyma fi'n dechra meddwl am Pwtyn yr Eliffant.

Pwtan ddylai hi fod, achos eliffant fanw o'r India oedd Pwtyn yn byw yn sw Golwyn Be. Un nos ddaru hi lwyddo i agor drws deg troedfadd a dengid i'r maes parcio. Ar ôl cael rhyddid doedd hi ddim yn gwybod be i neud. A dyna lle'r oedd hi yn gneud syna brawychus yn y tywyllwch ddaru ddeffro pawb yn y sw. Cafodd ei chipar hyd iddi yn dŵad allan o'r caddug yn rhuo mor uchel fel oedd o'n crynu fel deilan a'i galon yn curo yn drwm yn ei frest. Dyma fo'n llewyrchu'i fflashlamp i'w wyneb er mwyn i Pwtyn ei nabod. Y gwir oedd, roedd gan y ddau ohonyn nhw ofn. A dyna lle'r oeddan nhw y ddau yn y tywyllwch yn tawelu nerfau'i gilydd. 'Nath o'i thywys hi'n ôl i'w thŷ ac aros hefo'i nes oedd hi wedi stopio crynu.

Pwy a ŵyr be sy'n mynd ymlaen ym mhen eliffant? Ond mi oedd Pwtyn yn actio'n ddiolchgar. Angen cwmpeini. Roedd 'na un nodwedd rhyfeddol yn perthyn i Pwtyn. Roedd hi'n hoff o sticio'i thafod allan i chi ei slapio'n ysgafn. Roedd hi'n cyfeillachu hyn â caredigrwydd. Ddaru'r digwyddiad yma argyhoeddi perchnogion y sw fod Pwtyn yn dangos yn ei ffor eliffantaidd ei hun ei bod hi'n unig.

'Ma'r ffaith mod i'n cofio'r stori,' medda fi w'tha fi'n hun, 'yn dangos 'y mod i yn yr un sefyllfa â Pwtyn.' Ond doedd gin i ddim isio i neb slapio'n nhafod. A dyma pryd gesh i'r syniad o neud fy hun deimlo'n well drwy fynd i chwilio am riwin oedd yn waeth allan na fi. A dyma fi'n llenwi'r stof a cau bob agorfa yn'i, a mynd allan i chwilio am Dilwyn Digartra.

Yn dechnegol doedd Dilwyn ddim yn ddigartra achos roedd o'n byw mewn ogof ar y Gogarth. Roedd hyn cyn i'r cownsil osod baria ar geg yr ogofeydd. Doedd gin y cownsil ddim isio bobol fynd yn ôl i fyw mewn ogofâu. Does 'na ddim cownsil tacs ar ogof.

O'n i wedi dŵad ar draws Dilwyn pan o'n i'n arfer mynd i grwydro a fydda fo wastad yn barod i siarad a pasio'r amser a sôn am yr olygfa. Roedd hi'n pigo bwrw pan o'n i'n cerdded i gyfeiriad cartra Dilwyn Digartra, ac ar ôl cyrraedd dyma fi'n rhoid cnoc ar y wal, a dyma Dilwyn yn rhoid ei big yng ngheg yr ogof.

'Dolig Llawen,' medda fi.

'Dolig Llawen,' medda Dilwyn. 'Dwi wedi meddwl gosod cloch, ond di'r batris ddim yn para dau funud yn y tamprwydd.'

'Sgin ti damprwydd?' medda fi. 'Well i ti alw'r cownsil.'

Roedd Dilwyn yn gwisgo côt camafflâj ar dop ei hwdi. 'Tyrd i mewn,' medda fo. A dyma fi'n ei ddilyn i gyfeiriad gola cannwyll. Roedd yr ogof yn daclus. Fasa'r Misus wrth ei bodd.

Roedd 'na lunia ar y walia wedi'u sticio hefo blw tac, a'i ddillad o wedi hongian yn daclus ar y wal gyferbyn, a powlan owmal ar lawr hefo gwlanan a sebon.

'O lle ti'n cael dŵr?' medda fi.

'O'r ffynnon yn uwch i fyny,' medda fo.

'Ma'r lle ma'n drefnus,' medda fi.

'Sorted,' medda Dilwyn.

'Gwranda,' medda fi. 'Y rheswm dwi yma ydi i dy wahodd di i ginio.'

'Sgin ti dyrci?' medda fo.

'Nagoes,' medda fi, 'ond ga'i hyd i rwbath.'

Mhen hanner awr roedd y ddau ohanan ni adra yn byta'n cinio Dolig. Un o bopty'r tân hefo tun o bilchards a dwy fforc blastig.

'Sgin ti grisps?' medda Dilwyn. 'Dio'm yn ginio Dolig heb grisps.'

Gesh i hyd i ddau bacad o grisps halen a finegr a tun o erllyg yn bwdin hefo mymryn o grîm carneshon.

Ar ôl gorffen byta, dyma fi'n rhoid chwaneg o goed yn y stôf a deud hanes Pwtyn yr Eliffant wrth Dilwyn. Ond roedd o'n torri ar 'y nhraws ag yn dechra mynd ar fy nerfau er ei fod o ddim wedi bod yma am ddau funud.

'Putin?' medda fo. 'Fatha arlywydd Rwsia.'

'Pwtyn,' medda fi. 'Fatha Pwtyn bach.'

'Eliffant bach oedd o?' medda Dilwyn.

'Naci,' medda fi. 'Eliffant fawr oedd hi, ag roedd hi'n eliffant unig.'

O'na olwg dryslyd ar wynab Dilwyn.

'Jesd gwranda ar y stori, nei di,' medda fi. 'Roedd Pwtyn yr Eliffant yn unig yn sw Golwyn Be. A dyma nhw'n penderfynu cael cydymaith iddi o'r India, ag o'r diwedd dyma 'na eliffant bach yn cyrraedd.'

'Nath hi ddim cerdded o'r India i Golwyn Be,' medda Dilwyn.

'Naddo'r gwirion,' medda fi. 'Fflio i Heathrow a tryc i Fae Colwyn.'

'Do'n i ddim yn gwbod fod eliffantod yn gallu fflio,' medda Dilwyn.

'Gwranda, Dymbo,' medda fi. 'Pwrpas y stori ydi dangos fod posib concro unigrwydd drwy neud ffrindia.'

'Sorted,' medda Dilwyn.

'Pan ddaru nhw ddadlwytho'r tryc yn hwyr y nos ddaru'r eliffant bach fagio allan o'i chratsh a sefyll yng ngolau'r lleuad yn chwifio'i thrwnc yn yr awyr. Roedd hi'n beth fach ddel flewog a galwyd hi'n Melys.'

'Swît,' medda Dilwyn. 'Be ddigwyddodd wedyn?'

'Mi ddeuda i wrthat ti os nei di stopio torri ar draws,' medda fi. 'Roedd Pwtyn wedi synhwyro fod 'na eliffant arall yn y sw. A pan ddaeth y diwrnod i gyflwyno Pwtyn a Melys i'w gilydd, roedd Pwtyn yn crynu ac wedi cynhyrfu ag yn cyffwrdd y fechan hefo'i thrwnc, ag yn rhoid ei hun rhwngthi hi a'r cipar. A pan ddaeth yr amser i fynd â Melys yn ôl i'w stabal roedd Pwtyn yn ffrantig, a dyma'r perchnogion yn sylwi na fedran nhw gadw'r ddwy ar wahân ddim mwy. Dyma symud Melys i fyw hefo'i chydymaith a ddaru'r ddwy fyw yn hapus hefo'i gilydd tan ddiwedd eu hoes.'

'P'run ydw i?' medda Dilwyn. 'Y fechan flewog ta llall?'

'Wyt ti'n 'run ohonyn nhw,' medda fi, yn dechra teimlo'n flin. 'Jesd stori oedd hi. Stori wir.' Fel o'n i'n siarad dyma fi'n teimlo darn o bilchard rhwng dau ddant a dyma fi i fyny'r grisia i chwilio am frwsh dannadd.

'Helpia dy hun i banad,' medda fi .

Pan ddosh i lawr roedd o yn y bac citshin, a wedi tynnu'r bocs cytlyri allan o'r drôr ag yn sortio'r llwya a'r cyllith a'r ffyrcs.

'Be wyt ti'n neud?' medda fi.

'Sortio'r drôr,' medda fo. 'Ma petha yn bob man. Ffyrcs wedi'u cymysgu hefo llwya a'r cyllith hefo'r ffyrcs. Ma'i'n shambyls. Mi ro'i bob peth yn ei hordor.'

'Ond dwi ddim yn ddyn sy isio'i gytlyri bocs mewn ordor,' medda fi. 'Gesh i flynyddoedd o hynny. Dyna pam oeddan ni'n byta'n cinio hefo ffyrcs plastig.'

Dyma fo'n fy anwybyddu, a dyma finna yn ôl at y tân i drio tawelu'n mhalpiteshons. Pan ddaeth o yndôl ar ôl gorffen, roedd o wedi tynnu'i got camafflâj ag yn ei chario, a dyma fi'n sylwi fod ganddo fo dwll yn ei hwdi.

'Sgin ti hangyr?' medda fo.

'Jesd trawa'i ar fraich y gadair,' medda fi.

'Fedra i ddim gneud hynny,' medda Dilwyn. 'Ar hangyr ma côt i fod.'

Dyma fi i fyny'r grisia am yr ail dro, a tra o'n i'n chwilio am hangyr gwag, dyma fi'n sylwi ar grysbas o'n i wedi feddwl roid i Oxfam, a meddwl fasa'i'n gneud i Dilwyn yn lle hwdi hefo twll, esh â hi i lawr hefo fi.

Pan ddosh i'n ôl, roedd o'n sefyll hefo'i gefn at y tân a'i gôt yn hongian ar ei fys. Dyma fi'n rhoid yr hangyr iddo fo, a wedyn y grysbas.

'Hapi crysbas,' medda fi.

'Faswn i ddim yn gwisgo honna tasa ti'n talu i mi,' medda fo.

'Pam?' medda fi.

'Di hi ddim yn cŵl.'

'Ddim yn cŵl?' medda fi yn dechra poethi. 'Reit ta, mi a'i â hi yn ôl i'r wardrob,' a stompio i fyny'r grisia a gorfadd ar y gwely i drio tawelu.

Pan ddosh i lawr, roedd o wedi tynnu'r llyfra i gyd o'r bwc cês, ag roeddan nhw mewn pentyrra ar lawr.

'Be aflwydd wyt ti'n feddwl wyt ti'n neud?' medda fi.

'Di'r llyfra 'ma ddim mewn rhiw fath o drefn,' medda fo. 'Dwi'n mynd i sortio nhw fesul awdur. Sgin ti bapur lliw? Mi na'i nhw'n cylyr côded.'

'Nei di mo'r ffashiwn beth,' medda fi. 'Ma'i'n ddiwrnod Dolig. Gad lonydd i'n llyfra fi.'

'Sgin ti ddystyr a polish?' medda Dilwyn. 'Ma 'na lwch ar y silffoedd. Beryg iddo fo fynd am ben y llyfra.'

'Dwi'n licio llwch ar 'yn llyfra,' medda fi ar dop 'yn llais. 'Dyna pam ma nhw'n galw'r cyfars yn siecad lwch. Rho'r gora iddi nei di? Ag un peth bach arall, Dilwyn. Wyt ti'n dechra mynd ar 'yn nyrfs i.'

'Dwi'n mynd ar nyrfs pawb,' medda Dilwyn. 'Dyna pam dwi'n byw mewn ogof.'

'Di hyn ddim yn gweithio yn nachdi?' medda fi yn dawelach. 'Mi a'i â ti adra.'

'Na'i gerdded,' medda Dilwyn. 'Ma'i'n dal yn ola. Faswn i ddim yn licio cael 'y ngweld mewn Astra melyn ddwy waith mewn un diwrnod.' A dyma fo'n ystyn ei gôt ag allan drwy'r drws fel shot.

Rosh i chwanag o goed ar y stôf, a mynd i'r bac citshin i neud panad. Esh i i'r drôr i nôl llwy ac roedd bob peth yn daclus yn y bocs fel bydda'r Misus yn mynnu. A dyma fi'n teimlo pwl o hiraeth unwaith eto.

Esh i drwadd hefo mhanad a sylwi ar lyfr ar dop y peil gosa at y wal. 'Ymysg yr Anifeiliaid' gan Noel Virtue wedi'i sgwennu yn Saesneg achos un o Seland Newydd oedd yr awdur. Dyma'r llyfr nesh i ddarllen am hanes Pwtyn a Melys am y tro cynta riwdro ar ddiwedd yr wythdegau. A dyma setlo hefo panad a'r llyfr yn 'y nghadair wrth y tân. Doedd bywyd ddim yn ddrwg wedi'r cwbwl. Hapi crysbas. Dybad oes 'na gwnllwyn mawr? Achos dyma fi ar ddiwrnod Dolig yn darllen llyfr Noel ag yn hapus fel eliffant mewn meillion.

Yr Ornest

Gesh i ergyd go drom fora ddydd Iau. Gesh i sgytwad. Ma'r Misus a Jo bach yn byw hefo Roni yn Sir Fôn.

Be s'gin Roni na sgin i ddim, heblaw taldra, pres a gwallt?

Dic Preifat ddaeth â'r newyddion. O'n i wedi'i hurio fo i neud syrfêlans. Fydda i'n mynd yn oer pan fydda i'n meddwl am y peth. Y noson honno pan o'n i yn Rhosybol hefo Buddug dybyl 'd', roedd y Misus yn yr un pentra hefo Da Dŵ Ron Ron.

Pan naeth hi 'ngadael i yn y dechra, roedd hi'n amsar cyffrous hefo pob math o bosibiliada ar y gorwelion. Ond fel yr aeth yr amsar heibio daeth ymddatodiad, a dyma fi'n dechra sylweddoli yn ara deg bach mai nid rhosod ond dalan poethion oedd yn tyfu rownd fy nôr.

Yn y dechra fyddwn i'n gneud y gwely'n daclus bob bora rhag ofn y basa 'na gyfle yn ystod y dydd i ddŵad a riwin yndôl i'r llofft. Fasa waeth i mi fod wedi gadael y blancedi yn swp ar lawr. Ddaeth 'na neb i weld y gwely priodasol. Dwi'n deud y gwely priodasol, ond y gwir amdani, ar ôl i'r Misus 'i heglu hi, nesh i losgi'r gwely priodasol yn yr ar' gefn mewn ffit o dempar. Y blancedi a'r cynfasa a'r pulws. Nesh i losgi'r hôl job lot. O'n i am ddechra o'r dechra. Nesh i brynu gwely newydd anferth o Ikea. Mi oedd 'y nhŷ fi yn mynd i fod yn harem hefo merchaid yn ciwio rownd y bloc jesd er mwyn cael cyfle i ddod i weld y King Size yn llofft ffrynt.

Wel, nid fel'na ddaru petha weithio allan. Ddyla fod y busnas Buddug 'na fod wedi'n rhybuddio nad oedd hi'n hawdd i ddyn dros sicsti ffendio partnar addas. Ag o'n inna'n ffysi. O'n i'n gweld rwbath o'i le ar bob un o'r potensials. O'na un yn smocio'n ddi-stop, ia baco nid canabis, llall hefo gormod o walla sillafu ar 'i thatŵs, a'r llall yn gwisgo ffishnets, a gas gin i bysgod, fasa waeth iddi fod yn gwisgo wêdyrs gin bellad ag o'n i yn y cwestiwn. Hen ferchaid iawn, bob un wan Jil ohonyn nhw, ond ddim i mi.

O'r diwadd, dyma'r gwir yn gwawrio. Be o'n i ishio oedd y Misus. Roeddan ni'n siwtio'n gilydd i'r dim. Roedd hi'n licio deud y drefn a finna'n licio teling off.

Roeddwn i hefyd wedi dechra yfad o ddifri. Dwi wastad wedi bod yn ffond o lasiad o win, ond rŵan roeddwn i'n cuddiad poteli yn y tŷ ag yn anghofio lle o'n i wedi 'u rhoid nhw. Ag wrth mod i'n byw ar ben fy hun, doedd 'na neb i ofyn. Un diwrnod pan o'n i'n chwilio am botel am naw o gloch y bora, dyma fi'n penderfynu fod petha wedi mynd rhy bell, a gesh i hyd i bob potel yn tŷ a'i tollti nhw i lawr y sinc.

O'n i'n mynd i gael y Misus a Jo bach yndôl. Ond sud? Doedd gin i ddim syniad lle'r oeddan nhw. Do'n i ddim wedi clywed gair ers dros flwyddyn. Dim siw na miw. Dim cerdyn Dolig na cherdyn penblwydd na dim byd. Yn reddfol, o'n i'n gwbod 'u bod nhw'n iawn. Doddan nhw ddim wedi cael eu llofruddio na dim byd felly. Ond lle'r oeddan nhw? Doedd gin i ddim clem.

Dyma hurio Dic Preifat, a dyma lle daethon ni i mewn.

Gesh i wybod gin y Dic fod Roni wedi bod yn briod dair gwaith, a'r tair wedi'i adael o.

'Helo,' medda fi wrtha fi'n hun. 'Ma 'na batrwm yn fanma. Ma gin i siawns o leia o'i chael hi i ddŵad adra.'

Gesh i wybod hefyd ei fod o'n mynd allan i yfad ar ben ei hun bob nos Sadwrn doed law neu hindda.

'Nos Sadwrn yma amdani ta,' medda fi wrtha fi'n hun. 'Dwi'n mynd ar genhadaeth. Opyreshyn dychwelyd y Misus a Jo bach.' Doeddwn i ddim yn siŵr be i wisgo. Nesh i feddwl rhoid balaclafa a chôt camafflâj fatha Dilwyn Digartra, ond penderfynu edrach 'y ngora yn fy siwt nefi blŵ a 'nhei pesli.

Gesh i balputeshions yn mynd dros bont Borth a rhei gwaeth fyth pan welish i'r arwydd mod i wedi cyrraedd y pentra.

Roedd cyfarwyddia'r Dic yn sbot on, a gesh i hyd i'r tŷ er fod hi'n noson dywyll fel bol buwch. Ma raid mod i wedi ista yn y car am ddwy awr yn synfyfyrio ag yn trio magu digon o blwc i fynd i fyny at y drws. Dyma'i'n dechra bwrw. Y glaw yn tatsio ar y to a'r bonet ag yn rhedag i lawr y ffenast fatha ffosydd bychin bach.

'Dwi ddim yn farchog ar geffyl gwyn,' medda fi wrtha fi'n hun. 'Dyn bach heb rêncot mewn Astra melyn ydw i. Fedra'i ddim gneud hyn.' A dyma gychwyn y car a throi am adra. Jesd ar gyrion y pentra dyma fi'n newid 'y meddwl a troi rownd a mynd yndôl i gyfeiriad y tŷ. Dyma fi'n chwara'r olygfa eto yn 'y mhen.

O'n i'n mynd i gerddad i fyny'r llwybr, canu cloch y drws ffrynt a gofyn i'r Misus ddŵad adra. I gadw fo'n symyl. Dyna oedd y cynllun.

Esh i allan o'r car ag oedd hi'n ei thŵallt hi pan nesh i ddechra cerddad i gyfeiriad y tŷ. Dyma fi'n cyrraedd y drws ag roedd yna lygedyn o ola ar fotwm y gloch. Dyma fi'n pwyso a camu'n ôl.

Ar ôl chydig o eiliada, oedd yn teimlo fel oes, dyma'r Misus yn agor y drws. O'n i wedi cymryd dau neu dri cam yn ôl, a mae'n rhaid fod hi'n methu ngweld i'n iawn yn y tywyllwch a'r glaw.

'Pwy sy 'na?' meddai.

Doeddwn i ddim wedi clwad ei llais ers dros flwyddyn, a'r munud y clywish i hi dyma fi'n teimlo lwmp yn 'y ngwddw a'r dagra yn powlio i lawr 'y ngwynab.

'Pwy sy 'na?' meddai eto.

'Hen ddyn gwirion yn crio yn y glaw,' medda fi.

Dyma'i ata fi a rhoid ei breichia amdana i.

'Dowch i mewn,' meddai.

Gesh i sioc pan esh i mewn i'r tŷ. Roedd 'na focsys yn mhob man o'r llawr i'r nenfwd. Roedd y stafell fyw fatha llofft Del yn *Only Fools and Horses* ar ôl iddo fo gael dilifri.

'Be di hyn?' medda fi.

'Mae o'n licio'i gajets,' medda'r Misus. 'A cynllunio am y dyfodol. Mae o'n ordro petha byth a beunydd – o gatalogs, ar y we, o'r papura newydd.'

'Ydio'n un o'r bobol *Apocalypse* ma? medda fi. 'Ma Sir Fôn yn lle rhyfadd. Ma 'na Jedis yn Caergybi.'

'Sgynna'i ddim syniad be ydio,' medda'r Misus. 'A dim ots gin i chwaith.'

Doedd y gola mawr ddim ymlaen a'r unig ola yn dŵad o dêbyl lamp ar fwrdd bychan. Roedd y Misus wedi gollwng ei gafael yno fi ag yn sefyll yn y cysgodion.

'Lle ma Jo?' medda fi.

'Mae o yn y llofft gefn,' meddai. 'Dydi Roni ddim yn licio fo i lawr grisia hefo ni.'

Dyma'i'n camu i 'nghyfeiriad.

'Be di'r clais 'na dan y'ch llygad chwith?' medda fi.

'Nid rŵan 'di'r amser,' meddai. Roedd 'y ngwaed i'n berwi.

'Yr holl amsar 'dan ni wedi bod hefo'n gilydd,' medda fi. 'Nesh i 'rioed godi bys...'

Dyma'i'n rhoid ei llaw dros 'y ngheg.

'Nid rŵan,' meddai eto.

'Dach chi am ddŵad adra?' medda fi.

'Yndw,' meddai. 'Mi a'i i bacio cês a deud wrth Jo.'

O'n i'n sefyll yn y gola gwan yng nghanol yr holl focys hefo cant a mil o betha'n mynd drw'n meddwl, pan ddaeth y Misus i lawr hefo'i chês, a Jo tu'n ôl iddi hefo'i x-bocs mewn bag plastig.

'Barod?' medda fi.

'Barod,' medda'r ddau.

Yn yr eiliada'n dilyn 'barod', dyma fi'n clwad sŵn goriad yn nrws y ffrynt. Daeth Roni i mewn yn lyb at ei groen fatha llygodan fawr mewn siwar.

'Be 'ma hwn yn da yma?' medda fo yn sbio arna fi. Roedd o'n amlwg wedi cael llond cratsh. 'Mi roi'r warrog iddo fo nes bydd o'n gelain ar y carpad.'

'Newch chi mo'r ffasiwn beth,' medda'r Misus. 'Os bydd 'na unrhyw drais mi fydda i ar y ffôn hefo'r blismones oedd yma neithiwr. Ma'i rhif uniongyrchol hi yn 'y mobail.'

Roedd Roni'n crechwenu ag yn simsan ar ei draed, a dyna pryd nesh i ei cholli hi. Dyma fi'n camu'n ôl gin bellad â medrwn i a plygu 'mhen i lawr a rhedag at Roni ffwl sbîd. Roedd hyn yn hollol annisgwyl iddo fo, a pan gysylltodd ’y mhen hefo’i stumog, mi aeth i lawr fatha sach o datws a finna ar ei ôl a’r bocsys am ’yn penna.

'Mi dy cnocia’i di i ganol wsnos nesa,’ medda fi, ag o’n am roid swadan iddo fo hefo ’nwrn pan glywish y Misus yn gweiddi.

'Rhowch gora iddi. Dach chi ddim yn mynd i ymladd drosta’i fatha ’swn i’n ddarn o gig. Rhag y’ch cwilydd chi!’

Dyma fi’n codi ar ’y nhraed.

'Sori,’ medda fi wrth y Misus. ‘Cym on. Hôm Jêms.’

A dyma ni’n tri yn cerdded allan a gadael Roni ar lawr yng nghanol ei focsys a’i drugaredda.

'Gewch chi droi’r weipar i ffwrdd,’ medda’r Misus pan oeddan ni’n mynd dros bont Borth. ‘Ma’i wedi stopio bwrw.’

Roedd Jo yn fodia i gyd ar ei ffôn symudol yn y sêt ôl. Roedd popeth wedi newid ond roedd popeth ’run fath.

'Laic ddy gwd ôl dês,’ medda fi.

'Dach chi wedi gneud newidiada i’r tŷ?’ medda’r Misus. ‘Ma ’na dros flwyddyn ers pan fush i adra.’

'Neuthoch chi ddeud ‘adra’,’ medda fi hefo gwên ar ’y ngwynab.

'Do,’ meddai.

'Ma ’na un newid mawr,’ medda fi. ‘Ma ’na King Size yn llofft ffrynt.’

Claddu

Nesh i gladdu Roni yn y bedd nesa i Mistyr Fflyffi. Jesd herian. Er, nesh i feddwl am 'i ladd o lawer gwaith, ond meddwl yn unig nesh i mewn moment rŵan ag yn y man pan fyddai'r anghenfil llyg'id gwyrdd yn dŵad i'r wynab.

Ma gin y Misus y 'nac' o gladdu atgofion. A'r gwir amdani ydi nad ydan ni byth yn sôn am y peth. Mae o fel tasa fo ddim wedi digwydd. 'Run fath â pan aeth Jo bach ar 'i holides am flynyddoedd, at hyr majesti's pleshyr. Nath hi wrthod trafod y peth o gwbwl a 'ngorfodi i beidio ynganu gair. Roeddan ni'n byw ag yn bihafio fel tasa Jo ddim yn bod, er ein bod ni'n mynd i'w weld o unwaith y mis. Ac roedd o'n bell oddi cartra, doedd 'na ddim Berwyn adeg honno. Roedd Jo yng nghanolbarth Lloegr yng nghanol y Saeson. A wastad ar ôl dŵad adra fydda'r Misus yn gwrthod trafod. Gwrthod yn llwyr. Roedd hi'n ymddwyn fel tasa fo wedi mynd i Butlins am y wîcend.

'Ma'n cael gwell bwyd nag yn Butlins,' medda fi. Dim gair o ymateb. Newid y pwnc yn syth bin.

Oedd y ddedfryd yn un hir am fod 'na wn yn infolfd. Dwi'n deud gwn, ond y gwir amdani oedd ei fod o wedi trio lladrata'r post offis hefo gwn dŵr.

'Ior myni or ior laiff !'

Be oedd o'n mynd i neud? Wotro'r ddynas bach? Ond wedyn, chwara teg iddi, doedd hi ddim i wbod ma gwn dŵr oedd o. Nath hi ddychryn am ei bywyd.

Ddaru o gael ei ddal yn trio prynu chwartar pwys o fisgits wedi malu yn Woolworth hefo papur hannar can punt. Ers dalwm mi oedd 'na Woolworth ym mhob tre fawr. Dydio'n biti fel ma'r hen siopa 'ma wedi mynd. O'n i'n licio Woolworth.

Pan ddaeth yr heddlu, ddaethon nhw â riwin o'r uned atebiad arfog hefo nhw. Gneud i Jo orfadd ar ei wynab ar lawr a'i gyffio a mynd a fo i'r fei. Lwcus ma bisgedi wedi malu oedd o wedi brynu, roeddan nhw'n ddarna llai erbyn i'r heddlu orffan hefo fo.

Fedrwn i ddim fforddio twrna ffansi na bargyfreithiwr, a dwi'n dal i deimlo'n euog am hynny, achos dwi'n siŵr ma gneud siampl ohono fo nath y barnwr. Dwi'n teimlo'n euog dros ddynas y post offis hefyd. Ddaru'r profiad amharu arni am ei hoes.

Ddaru'r holl fusnas effeithio ar y Misus wrth gwrs. Jo oedd cannwyll ei llygaid. Ag er iddi gau'i meddwl a gwrthod trafod, y fi oedd yn cael 'y mlacgardio am y peth lleia oedd yn mynd o'i le yn 'yn bywyda ni. Arna fi oedd y bai am bob peth. Fyddwn i'n effro'r nos yn troi petha yn 'y meddwl ag yn wyndro be ddoth dros Jo i neud peth mor wirion. O'n i mor flin hefo fo na fedrwn i siarad yn gall hefo fo am amser hir.

Ag roedd o 'run ffunud â'i fam, ag yn gwrthod yn llwyr trafod hefo fi be ddigwyddodd. Ag yn bwysicach, pam?

Roish i'r gora i feddwl yn y diwadd a cyd-fynd hefo'r Misus a cario 'mlaen fel tasa Jo ddim yn bod, heblaw pan oeddan ni'n mynd i'w weld o draw yng ngwlad y Sais.

Cyn y toriada roedd 'na gyrsia yn y carchar, a perswadiwyd Jo i gofrestru ar gwrs sgwennu. Dydi cyflwr y carchardai ddim wedi newid llawer ers dyddia Charles Dickens. Ma petha'n waeth heddiw nag oeddan nhw pan oedd Jo ar i holides.

Bill Davies oedd y tiwtor. O'n i'n meddwl ma Cymro oedd o hefo enw felna, ond Sais o Caerlŷr oedd Bill. Hen foi iawn. Darlithydd yn y Coleg yn ystod yr wythnos ond o chwech tan saith ar nos Wener fydda fo'n dŵad i ddysgu'r carcharorion oedd isio bod ar gwrs y grefft o sgwennu'n greadigol.

Yn ystod un ymweliad roedd Bill yn y carchar a dyma fo'n cyflwyno'i hun a gofyn am air preifat hefo fi.

'Pa iaith oedd Jo yn siarad adra?' medda fo wrthaf fi yn Saesneg.

'Wel, Cymraeg,' medda fi. 'Dan ni'n byw yng Nghymru. Pam dach chi'n gofyn?'

'Ma Jo wedi sgwennu stori,' medda fo. 'A mae o wedi gofyn i mi 'i rhoid i chi yn unig.' A dyma fo'n tynnu enfilop brown o'i frîffcês.

'Dwi'm ond yn dallt 'chydig o eiria'r stori,' medda Bill. 'Fedra i'm gneud pen na chynffon ohoni, ond dwi'n teimlo ei bod hi'n bwysig.' A dyma fo'n rhoid y stori yn yr enfilop i mi a cerdyn busnes hefo'i rif ffôn, a dyma fi'n 'u stwffio nhw i bocad tu mewn 'y nghot fawr.

'Be oedd gin y dyn 'na isio?' medda'r Misus.

'Deud bod Jo yn dŵad ymlaen hefo'i sgwennu,' medda fi.

A'r noson honno ar ôl i'r Misus fynd i'w gwely a cyn i *Match of the Day* gychwyn, dyma fi'n setlo i lawr hefo glasiad o win coch ag agor yr enfilop a darllen.

Stori Jo

Wans ypon a taim dder was a boi (15) hw was madli in lyf wudd e gyrl (15). Shi lufd in ddy Capal Wesla witch had bin confyrted intw a biwtiffwl hows wudd bedrwms and bathrwms on ddy ypsters galeri. Hi niw ddus bicos wan darc nait hi claimd ddy hul bihaind ddy hows and lwcd in wen ddy laits wer on and ddy cyrtans wer opyn. Nobodi so hum. Hi so ddem.

Ddy gyrl, Laura May, wdynt haf enithing tw dŵ wudd ddy boy. Wen hi traid tw tôc tw hyr shi wôcd awe as uff hi wasynt ddêr. Ddus hyrt ddy boi. Hi went tw slîp efri nait hyging a pulw cold Laura May. She went tw praifet sgŵl. Hyr faddyr was a consyltant ffor oel. Hi fflŵ ôl ofyr ddy wyrld. Ddy boi had no myni. Ddy boi had an aidia ddat wd wun Laura May's hart. Wen shi was etin, he wd bai hyr ddy most biwtiffwl ring and guf ut as a tocyn of hus lyf.

Ffor thri iyrs hi thôt abowt how tw get ddy myni tw bai ddy ring. Wan nait, hyging his pulw hi drimd yp ddi aidia of robing ddy post offis. Ddy boi was a caind boi. Hi wdynt hyrt a fflai. Hi côt sbaidyrs in hus sbaidyr jar and pwt ddem owtsaid in cês hus ffaddyr wd cul ddem wudd hus slipars. Ddy boi had a wotyr pustol shêpd laic a Luger. Hi pênted ut blac and brown wudd hus erffics pênt tw mec ut lwc rial. On Laura May's byrthde (29th May) hi went tw rob ddy post offis wudd a scarff ofyr hus mowth. Ddy wman sgrimd byt gef hum ddy myni. Lots of myni. Hi ran owt. Hi was tŵ nyrfys tw ît brecffast ddat morning and hi went tŵ bai sym bisgits. A stôr ditectif was sysbishys bicos of ddy ffiffti pownd nôt and cold ddy polîs. Ddy wman at ddy post offis had olso cold ddy polîs and ddei araifd wudd a marcsman.

Aftyr ddy traial, ddy boi was sent tŵ jel ffor a long taim (20 iyrs). Efri nait ffor mynths in hus sel hi craid humselff tŵ slip thincing of Laura May and ddy ring ddat nefyr was.

Wan de a prîtchyr cem tŵ si hum, and ddy boi told hum hus stori and ddat hi was feri feri sori. Hi told hum ddat his myddyr (hw hi lyfd feri mytch) had maddad hum, byt hi dudnt thinc hus ffaddyr had.

Ddy prîtchyr sed ddat Iesu Grist had maddad hum and ddat was ddy important thing.

Ddy boi sed tŵ ddy prîtchyr ddat mebi hi shwd haf stolyn ddy ring and asgd ddy Big Man Ypsters ffor madda. Ddy prîtchyr sed ddat ddat was not how rilijyn wyrcd.

Ddy boi has had a long taim tw thinc abowt hus problems and wan de hi wul bi owt and hi and Laura May wul luf hapi efer afftyr.

O'n i'n gwbod am y teulu. Ddaru nhw symyd i Dubai ne rwla felna chydig ar ôl y treial. Roedd o yn y busnas oel, a'i wraig o'n ddynes busnas hefyd, a Laura May – wel fasa gin Jo ddim hôps mul yn y Grand National.

Ma raid mod i wedi bod yn ista yno am oria mewn riw fath o berlewyg, achos ddoth y Misus i lawr y grisia i edrach o'n i'n iawn.

'Nesh i ddeffro a teimlo lle gwag lle roedd y'ch siâp chi i fod,' meddai. 'Ag edrach ar y cloc larwm a gweld ei bod hi'n tynnu am ddau.'

Gesh i gyfla i slipio'r stori o dan y cwshins pan glywish i sŵn ei thraed hi'n dŵad i lawr.

'Be sy'n bod?' meddai. 'Ydach chi wedi bod yn crio?'

'Naddo,' medda fi. 'Yn llygad i sy'n dyfrio. Ma raid mod i wedi bod mewn drafft.'

'Fasa chi'n licio panad?' meddai.

'Dwi'n iawn,' medda fi. 'Gawn ni siarad am Jo?'

'Na chawn,' meddai. 'Ma'i'n hwyr. Dowch, ne fydd hi'n amsar codi.'

'Na'i jesd cloi'r drws cefn,' medda fi. 'Mae'r drws ffrynt wedi'i folltio ers mitin.'

'Dan ni'n saff felly,' medda'r Misus.

Nesh i droi'r goriad yn y clo mortais, cuddiad y stori, a dilyn y Misus i fyny'r grisia'n flinedig.

Perthnasa

'Peidiwch â meddwl y'ch bod chi'n mynd i ista'n fan'ma yn watshio'r bocs ar bnawn Sul,' medda'r Misus.

'Ond dwi newydd dansgrifio i B.T. Sport,' medda fi. 'A dwi isio gwerth 'y mhres.'

'Wel B.T. garw,' medda'r Misus. 'Cerwch i folchi a siafio. Dan ni'n mynd i weld y'ch perthnasa.'

'Be haru chi?' medda fi. 'Ma'r perthnasa gosa sgin i yn byw yn Aberystwyth. Dwy awr i ffwr.'

'Ma gynnoch chi berthnasa yn byw yn agosach,' meddai, a taflu llian sychu i'n haffla. 'Ma gynnoch chi berthnasa yn Golwyn Be.'

'Colwyn Be?' medda fi.

'Ia,' meddai. 'Dan ni'n mynd i'r Sw Fynyddig Gymreig.'

Dyma fi'n cymryd fy ordors a mynd i folchi a siafio a newid 'y nghrys a trawo nghap am 'y mhen, ag allan am yr Astra a'i chychwyn hi i'r sw.

'Gobeithio fod 'na rwbath gwerth ei weld yno,' medda fi. 'Dwi'm di bod ers pan ddaru Pwtyn yr Eliffant farw yn naintîn eti sefn. O'n i'n licio Pwtyn yr Eliffant.'

'Ma parêd y pengwin am dri o'r gloch,' medda'r Misus.

Ymhen dim roeddan ni wedi dŵad oddi ar yr A55 ag yn troi i fyny Ffordd Coed Pella. Welish i'r arwydd ein bod ni wedi cyrraedd y sw, a dyma stopio wrth y blwch talu.

'Rhowch bres iddo fo,' medda'r Misus. A dyma fi'n rhoid tri papur degpunt am ddau docyn a map. Ac er disgwyl ddaeth 'na ddim newid. Dreifio heibio'r Bwyty Saffari a gneud 'yn ffor am y maes parcio, a sylwi ar gefn y map: 'Canolfan gadwraeth ar gyfer rhywogaethau dan fygythiad a rhai mewn perygl.' Dyma fi'n edrach o gornal 'yn llygad ar y Misus a meddwl: 'Ataf fi ma hwnna'n cyfeirio.' Ond ddeudish i ddim byd.

Ar ôl i ni barcio a dŵad allan o'r car dyma'r Misus yn dechra cymryd control. Mi gymrodd y map oddi arna i, ag hefo fo wedi'i agor rhwng ei d'ylo, dyma'i'n troi rownd i neud yn siŵr ei bod hi'n gwynebu i'r un cyfeiriad â *layout* y map.

'Mi ddechreuwn yng Nghraig y Morloi,' meddai. A dyma ni'n dilyn yr arwyddion ag i lawr y stepia at y pwll. Roedd 'na sgwâr mawr o wydr trwchus yn wal y pwll fel ein bod ni'n medru gweld o dan y dŵr. Ddaru 'na forlo mawr nofio heibio a faswn i'n taeru 'i fod o'n chwifio'i ffliper dde arna i, a dyma fi'n gwenu a chwifio'n ôl.

'Ar pwy dach chi'n chwifio?' medda'r Misus.

'Ar Morus y Morlo,' medda fi.

'Be haru chi ddyn?' meddai. 'Yn chwifio a gwenu drwy'r gwydr. Dach chi'n debyg i riwin ddim yn ei lawn bwyll.'

Dyma fi'n ei dilyn hi at arwydd oedd yn deud ma Craig y Morloi Clustiog oedd hon, a'u bod nhw'n dŵad o Galiffornia ag yn byw mewn heidiau ar draethau unig ac arfordiroedd creigiog. Uwchben, ag ar draws y pwll, roedd 'na bedair pêl yn hongian oddi ar raff. A rŵan ac yn y man roedd y morloi yn neidio o'r dŵr ag yn trawo'r peli hefo'u trwyna cyn landio'n ôl yn y dŵr gan greu sblashis a glychu'r plant oedd yn gwylio. Roedd yr hen blant wrth eu bodda yn chwerthin a clapio'u d'ylo. Pan ddaeth Morus o'r dŵr a taro'r bêl goch ddaru fo chwifio arna i eto, ag o'n i'n teimlo'n euog am mod i ddim wedi chwifio'n ôl, ond roedd y Misus yn rhythu arna i a dyma fi'n cadw'n n'ylo yn 'y mhocad.

Dilyn y Misus wedyn i Forlyn y Fflamingo. Roedd 'na ddwy chwadan bigddu yn y ffald hefo'u penna yn eu plu a dwsin o fflamingos pinc yn sefyll ar un goes.

'Fedrwch chi ddim sefyll ar un goes i roid sana am y'ch traed,' medda'r Misus. 'Ma'r Fflamingos yn glyfrach na chi.'

'Fflamio'r Fflamingos,' medda fi. 'Beth am fynd i weld y ceffyla gwyllt Przewalski?' A mi aethon ni, ag ar y ffor' ddaru ni basio'r Estrys.

'Dach chi isio pluan i roid yn y'ch het?' medda fi. Neuthon ni aros ddigon hir i ddarllen fod posib mabwysiadu Estrys. Gesh i ddarlun clir yn 'y mhen o fi a'r Misus o boptu'r tân hefo estrys bychan yn cael ei siglo mewn crud ar y mat. Ma raid ei bod hi wedi darllen be oedd gin i mewn golwg.

'Nid mabwysiadu felna mae'n nhw'n feddwl,' meddai. 'Ond cyfrannu at gosta byw yr estrys bach.'

Roedd yr olygfa yn hyfryd o fan'ma – Bae Colwyn a Rhos i'r dde, Bae Penrhyn syth ymlaen a Dyffryn Conwy i'r chwith. Ac yn y cefndir yr Wyddfa a'i chriw hefo chydig o eira ar y brig.

Fel roeddan ni'n gneud 'yn ffordd i lawr i gyfeiriad y ceffyla gwyllt, roedd yr estrys yn ein dilyn ar hyd y ffens. Dyma fi'n dangos arwydd arall i'r Misus.

'Ma nhw'n deud yn fan'ma,' medda fi, ''u bod nhw'n poeri os ewch chi yn rhy agos.'

'Fatha'ch Yncyl Tomi felly,' medda'r Misus. 'Y burgyn budr.' A cerdded ymlaen i gyfeiriad teras Himalaia Prydderch lle'r oedd y Panda Coch yn byw.

'Mae Gillian Clarke wedi sgwennu barddoniaeth am y Panda Coch,' medda'r Misus, yn dechra swnio fatha ysgolfeistres. 'Fedar hi ddim cael gair gwell yn Saesneg na 'cynefin'.'

'Dybad os ydyn nhw wedi dal Siencyn?' medda fi, yn edrach i gyfeiriad ffald Geifr Mynydd Cymreig. 'Ma hwnnw'n licio'i gynefin. Dio'm isio bod yn fasgot i'r Welsh Fusiliers. Well gynno fo grwydro'r Gogarth yn rhydd na bod yn sownd wrth gortyn y Sarjant Major. Gobeithio na'n nhw byth mo'i ddal o.'

Ro'n i'n dechra mwynhau'n hun rŵan. Roedd y Sw yn lle diddorol a ffeithia am yr anifeiliaid wedi'i sgwennu tu allan i bob ffald neu gaets. Nesh i ddysgu fod 'na tua cant o wahanol fatha o lemur. Y lleia ydi'r Lemur Llygoden a'r mwya ydi'r Indri. Dim ond yn Madagasgar ma nhw'n byw a dyma fi a'r Misus ar bnawn Sul yn Golwyn Be yn eu gweld nhw mor agos â faswn i'n gweld cath ar y mat.

Roedd 'na wirfoddolwr yn sefyll wrth y giât yng Ngwylfa'r Lemyriaid.

'Ddon nhw ddim allan heddiw,' medda fo. 'Ma'i'n rhy oer.' Dyma'r Misus a fi yn edrach drwy'r ffenast, a dyna lle'r oedd 'na ddwsin Lemur Cwnffon Fodrwyog wedi tyrru rownd y rêdietyr.

Euthon ni heibio Coedwig y Walabi, a dŵad o'r diwedd i'r lle caeedig lle'r oedd y ceffyl Przewalski yn rhannu darn o dir hefo'r ceirw.

'Be ma'n ddeud ar yr arwydd?' medda fi. A dyma'r Misus yn darllen: 'Cynefin. Byw yn wreiddiol mewn gwastadiroedd gwelltog ond cawsant eu cyfyngu i wastadiroedd anial, lled ddiffaith wrth i'r niferoedd ostwng.' Dyma fi'n teimlo'n llawenydd yn troi'n dristwch.

O'n i'n edrach i lygid y ceffyl cochfrown hefo marcia du ar ei goesa a mymryn o wyn rownd ei drwyn.

'Dan ni'n byw ar blaned bach las,' medda fi. 'A ma dyn wedi sbwylio petha. 'Run fath ydi'r stori ymhob man. Niferoedd yr anifeiliaid yn gostwng. A'r unig ffordd o'u gweld nhw ydi yn fanma wedi'u caethiwo mewn ffald a caets a cawell.'

'Peidiwch â dechra mynd yn dipresd,' medda'r Misus. 'Dan ni yma i gael hwyl ag awyr iach.' Ond o'n i'n teimlo'n reit ddigalon am ffawd yr anifeiliaid.

Pan euthon ni i weld y Pengwin Humbolt, roedd y stori 'run fath. Dyn yn casglu gwano wedi difa'r mannau bridio.

Roedd 'na dri yn y dŵr ag unorddeg ar y tir o gwmpas y pwll, a'r Misus wrth ei bodd wrth eu gweld nhw yn cerdded fatha hen ddynion ar y rhew, neu fatha riwin wedi gneud llond i drwsus.

Roeddan ni yn ymyl Byd y Tsimpansî.

'Dach chi am fynd i weld y'ch brawd?' medda'r Misus.

'Ddown ni'n dôl,' medda fi. 'Beth am fynd i weld yr adar?'

Roedd Llewpard yr Eira a'i bartnar yn cysgu fel aethon ni heibio ar ein ffor i'r adardai. Nesh i ddechra chwerthin wrth wylio'r Cocatŵ Gwridog yn mynd o gwmpas 'i betha i fyny ag i lawr y gangen fatha rwbath o'i go. Ag o'n i wedi dotio wrth wrando ar yr Ibis Wyneb Ddu yn gneud sŵn debyg i iâr yn clwcian. Ond daeth yr hen gymylau duon unwaith eto wrth ryfeddu ar seis Condor yr Andes. Faswn i wedi bod wrth fy modd yn ei weld o yn hedfan yn rhydd yn awyr las Tierra del Fuego. Ond er mwyn y Misus nesh i drio 'sgafnu.

'Tasa ni'n cael hwnna'n ginio Dolig,' medda fi. 'Fasa fo'n para tan ddiwrnod Diolchgarwch.'

Ymlaen â ni heibio Rhaeadr yr Eirth lle'r oedd yr arth frown yn prowlan, a heibio caets y Mwnci Heglog Du Wynepgoch a stopio wrth gaets y Giboniaid Lar. Roeddan ni'n edrach ar Gibon Troedwyn pan esh i'n oer drosta wrth syllu i'w wynab o.

'Be sy'n bod?' medda'r Misus.

'Ma'i wynab o 'run ffunud â gwynab Mistyr Fflyffi,' medda fi. 'Dach chi'n credu mewn *reincarnation*?'

'Peidiwch â bod yn stiwpid,' medda'r Misus. 'Dwi'm yn credu mewn unrhyw grîm tun.' A dyma'r gibon yn pigo planhigyn oddi ar y llawr a sgrialu i fyny'r goedan yn y caets.

Roedd y pnawn yn profi i fod yn rolyr costyr emosiynol achos nesh i 'sgafnu unwaith eto ar ôl mynd i weld y Ballasg. Roeddan nhw'n rhannu eu ffald hefo'r *meerkats*, a rheini yn rhedag i mewn ag allan drwy dwll yn y gwellt yng nghornal y caets a dwyn ffrwytha o bowlan fwyd y ballasg druan.

'Dim rhyfadd fod rhein yn rei da am werthu insiwrans,' medda fi.

'Hei Sergei,' medda'r Misus mewn acen Rwsiaidd wael. 'Haf iw got tŵ ffor wan sinema ticets?' A dyma ni'n chwerthin.

'Panad?' medda'r Misus. 'Awn ni'n ôl i Gaffi Pengwin.'

'Cerwch chi,' medda fi. 'Ddoi ar y'ch hôl chi mewn riw chwartar awr. Dwi am fynd i weld y Tsimpansî.'

'Dwi'n siŵr byddwch chi'n teimlo reit gartrefol,' medda'r Misus.

Ac mewn ffor, roedd y Misus yn iawn. Ma gin i gydymdeimlad mawr hefo'r tsimpansî. Fyddwn i ddim yn licio'u gweld nhw wedi'u gwisgo fatha pobol yn y syrcas, neu mewn hysbysebion te ar y teli. Dim chwerthin oeddan nhw ond dangos ofn.

Gesh i gadarnhad o hyn, achos tu allan i'r Byd Tsimpansî roedd 'na gwestiwn: 'A yw'r tsimpansî yn gallu siarad?' Ag o dan y cwestiwn, llunia o wahanol stumia ar wyneb y mwnci a be oedd y stumia'n olygu.

Mewn un ffald roedd 'na fwnci ar ben ei hun yn ista ar deiar oedd yn hongian ar raff oddi ar gangen. Roedd o'n edrach yn drist. Dyma fi'n trio cael ei sylw, ond doedd gynno fo ddim diddordeb. Jest ista ar y teiar yn edrach ar lawr. Oedd 'na neb o gwmpas a dyma fi'n dechra ffidlan hefo'r padloc a darganfod i fy syndod fod y bachyn ddim wedi'i bwshiad i lawr yn iawn a dyma fi'n agor y clo a mynd i mewn hefo'r mwnci.

Dyma fi'n ista wrth ei ochor ar y teiar. Roedd y mwnci wedi'i orchuddio mewn blew du trwchus heblaw am ei wynab a'i draed a'i dd'ylo.

'Helo Mwnc,' medda fi. 'W't ti'n meindio i mi dy alw di'n Mwnc?' Roedd 'na olwg deallus ar ei wyneb, a dyma fo'n gneud arwydd nad oedd o ddim yn meindio. Mi blygish i mhen tuag ato fo a dyma fo'n cymryd 'y nghap a'i roid o am ei ben.

'Ma'n dy siwtio di, Mwnc,' medda fi. A dyma fo'n dechra rhedeg ei fysidd drwy ngwallt.

'Sgin i ddim llau,' medda fi. A dyma fo'n tynnu'r cap a dangos i mi y basa fo'n licio i mi neud yr un peth iddo fo. Wel, mi o'n i'n teimlo'n agos ato fo. A does ryfadd. Ma'r bobol glyfar 'ma wedi bod yn 'studio cromosomau, a'r tsimpansî ydi'r epa gosa at ddyn yn rhannu naw deg naw y cant o'r un genynna.

Doedd Mwnc ddim yn edrach mor drist ar ôl cael cwmpeini. 'Ella ma fi ydi'r *missing link*,' medda fi wrtha fi'n hun.

O'n safle ar y teiar dyma fi'n edrach allan o'r caets a gweld y byd o bersbectif Mwnc.

'Fyddi di'n breuddweidio, Mwnc?' medda fi. Dyma fo'n gneud arwydd: 'Weithia.'

'Am be?' medda fi.

'Mama Affrica,' medda Mwnc.

'Gwreiddia,' medda fi. 'Ma nhw'n bwysig – y fforest lawr, y safana goediog. Lle cest ti dy eni?'

Dyma fo'n gneud arwydd; 'Caer. Sw Gaer.'

'Wyt ti'n medru treiglo hefyd, Mwnc,' medda fi. Dyma fo'n gneud arwydd: 'Isi Pisi.'

'Fyddi di'n breuddweidio am ryddid?' medda fi.

'Wyt ti ddim yn gwbod be i neud hefo rhyddid,' medda arwyddion Mwnc yn fy herio.

'Ma hynny'n wir,' medda fi. 'Pan 'naeth y Misus 'y ngadael i am Da Dŵ Ron Ron o'n i'n meddwl y baswn i'n hapus ond toeddwn i ddim.'

Dyma Mwnc yn codi'i sgwydda.

'Ond ti, Mwnc,' medda fi. 'Fedri di fod yn rhydd. Dwi wedi agor y padloc. Gei di fynd o 'ma.'

'Be gythral dwi'n mynd i neud yn Golwyn Be ar b'nawn Sul?' medda arwyddion Mwnc.

'Ma Morrisons yn gorad tan bedwar,' medda fi. Chwerthin naeth Mwnc.

Dyma fi'n rhedag at giât y caets a'i hagor hi led y pen.

'Dos, Mwnc,' medda fi. 'Wyt ti'n rhydd. Dos.' Dyma fo'n edrach i lawr ag ysgwyd i ben.

O'n i jesd â crio. 'Pam?' medda fi. 'Pam, Mwnc?'

'Dwi'n saff yn y gaets,' medda fo. 'Dwi'n cael bwyd dair gwaith y dydd. Gystal ffrwytha â Morrisons. Dwi'n cael *antibiotics* pan dwi'n sâl. Dwi'n gwbod be i ddisgwyl yn y gaets. Does wbod be sy allan yn fanna.'

'Ti sy'n gwbod ora,' medda fi yn drist.

'Dan ni'n byw yn hirach yn y sw,' medda Mwnc. 'Thyrti îyrs yn y goedwig. Hannar cant yn y sw.'

'Ocê,' medda fi, a dyma ni'n rhoi hai ffaif i'n gilydd.

'Cofia gloi'r padloc,' medda Mwnc. A dyma fi'n gneud, a mynd i chwilio am y Misus yn y Caffi Pengwin.

Roedd y Misus ar fin gorffen ei hail goffi a ecyls cêc, a dyma fi'n mynd i dalu cyn mynd allan i orffen ein ymweliad.

'Lle ma'ch cap chi?' medda'r Misus.

'Dwi wedi 'i roid o i enaid hoff cytûn,' medda fi.

Aethon ni heibio Fferm y Plant lle roedd 'na hogyn bach o Lerpwl yn dynwared iâr. Roedd 'na gywion ieir a chwiad, a ceiliog du a colomen wen a gwningod clustia hir.

Mewn adeilad debyg i sgubor roedd 'na arwydd ar y drws: TRAETH YR ALIGATOR: CERDDWCH I MEWN.

'Dwi'm am gerdded i mewn i Draeth yr Aligator,' medda fi. 'Be os basa'r coblyn isio chwara snap?'

Yn ffald yr Emiw, dyma'r Misus yn deud fod yr wya'n cael eu deor gan y ceiliog.

'Ma'r hen Emiw wedi'i dallt hi,' medda'r Misus. Ddeudish i ddim byd ond cerdded i gyfeiriad y camelod dau grwmp.

'Yn fanma oedd Pwtyn ers dalwm,' medda fi. 'Indian Eliffant.'

Roedd y Misus yn darllen eto: 'Cynefin. Anialdiroedd, stepdiroedd gwelltog ac ardaloedd mynyddig.' Dyma fi'n syllu arnyn nhw, ymhell o'u cynefin a ffens o'u hamgylch.

'Dan ni ddim isio rhyddid,' medda fi. 'Dim fel cenedl, na dim fel unigolion. Dan ni'n saff yn y gaets.'

Ond chlywodd y Misus mohona i achos roedd y Macaw Sgarled yn sgrechian. A dyma ni'n cerdded yn hamddenol i gyfeiriad y car.

Dyn yn Lleuad

Ar ôl i'r Misus ddŵad yn ei hôl adra, mi naethon ni'r gora ohoni. Er fod siarad am rei petha dan waharddiad yn gyfan gwbl, ddaru ni drafod y pwysigrwydd o gael lle ag amsar i ni'n hunin rŵan ag yn y man.

Ag o ganlyniad, ar nos Sul nesh i ddechra mynd i weld Anti Henrietta, nid o Chicago, ond chwaer i mam oedd yn byw jesd chwartar awr o'n tŷ ni. A hi oedd yr ola. Roedd mam a'r gweddill o'i brodyr a chwiorydd i gyd wedi mynd.

'Nid yn yr ordor y daethon nhw,' medda Anti Henrietta. 'Ond yn yr ordor y caethon nhw eu galw adra.'

Roedd Anti Henrietta ymhell yn ei hwythdega ag yn diodda o riw fath o ddryswch meddwl. Fydda hi'n deud straeon rownd a rownd mewn cylch, a pan oedd hi wedi dŵad i ddiwadd y stori fydda hi'n cychwyn eto. Roedd hi'n cofio'n glir ddigwyddiada o'i phlentyndod, ond ddim yn cofio beth ddigwyddodd bum munud yn ôl.

Roedd ei mab, sef 'y nghefndar Bob, yn byw yn Sbaen hefo senorita ugian mlynadd yn iengach a ddim yn dŵad adra'n amal. Wel, fasa chi?

Un o'r bobol ddi-lol 'ma oedd Bob. Os basa fo'n dŵad o Sir Efrog fasa fo'n galw rhaw yn raw. Nid fatha fi fasa'n galw rhaw yn gaib, yn dibynnu ar yr amgylchiada. Roedd hyn yn broblem, achos yn amal iawn roedd Anti Henrietta yn byw yn ei byd bach ei hun. A byd bach hyfryd oedd o. Ym myd Anti Henrietta roedd y lleuad wedi'i neud allan o gaws. Fydda hyn yn gyrru Bob yn boncyrs.

'Mam, dwi wedi deud a deud na nid o gaws g'naethpwyd y lleuad.'

'Mai'n felan fatha caws.'

'Mam, ma sofran yn felan ond dydi ddim wedi cael ei gneud o blydi gaws.'

Ella ma dyna reswm arall 'doedd Bob ddim yn dŵad i weld ei fam yn amal. Ond o'n i wrth fy modd yn ei chwmni ag yn ffendio'i yn hawdd slipio i mewn ag allan i'w byd bach braf.

Roedd bobol y gwasanaetha cymdeithasol yn galw fora bnawn a nos i neud yn siŵr ei bod hi'n iawn ag yn cymryd ei thabledi. A mi o'na focs bach ar y wal tu allan, yn ymyl y drws ffrynt, ag ar ôl rhoid y cod iawn i mewn, roedd y bocs yn agor a tu mewn i'r bocs roedd goriad y drws ffrynt. A felly byddwn i'n gadael fy hun i mewn bob nos Sul.

'Oes 'na bobol?'

'Oes. Ty'd i mewn. Ista.'

A dyma ista a treulio awran go lew yn siarad a cnoi cil.

'Ma'i'n noson braf.'

'Oes 'na leuad?'

'Lleuad lawn. Fedrwch chi weld jesd fatha gola dydd.'

Roedd y lleuad yn cynhyrfu Anti Henrietta.

Nesh i gwglo'r lleuad. Mae'r lleuad yn wahanol i'r ddaear yn yr ystyr fod yr wynab wedi'i greu yn y biliwn o flynyddoedd cynta o'i hanes pan gafodd ei fombardio gan sêr gwib. Mae'r ceudyllau mwya wedi'u llenwi hefo lafa tywyll i greu'r gwastadedd sy'n cael ei alw'n fôr neu 'maria'. Mae'r clytia tywyll ma yn creu'r dyn-yn-lleuad dan ni'n gyfarwydd â fo.

'Pa ddiwrnod ydi?' medda Anti Henrietta.

'Dydd Sul,' medda fi.

'Ma'r dyn yn lleuad yno am hel pricia ar y Sul,' meddai.

Yn fan'ma fasa Bob yn neidio i fyny ag i lawr ag yn sôn am hen wrachod wedi byta gormod o uwd.

'Wel, ia,' medda fi. 'Oedd gynno fo lot o bricia?'

'Llond sach,' meddai. 'Oedd o wedi bod yn hel pricia yng nghae'r Henblas pan gath o'i ddal gan y cipar a'i yrru i'r lleuad.'

'Fel rhybudd i erill,' medda fi.

'Yn gysáct,' meddai 'Chwe diwrnod y gweithia…'

Pan oedd Anti Henrietta yn ferch ifanc, doedd wiw gneud dim byd ar y Sul. Roedd y tatws a'r caraitsh wedi'u pilio'r noson gynt ag yn gorfadd mewn powlan o ddŵr hefo llian sychu llestri am ben y bowlan. Dwi'n gwbod hyn am fod Anti Henrietta wedi deud wrtha fi. Droeon.

Heddiw roedd y Misus a fi wedi bod yn siopa yn Asda a wedyn yn gwylio'r beics sgio ar lan y môr.

'Roedd mam yn dyslectic,' meddai. 'Roeddan nhw'n meddwl ei bod hi'n stiwpid ond dyslectic oedd hi, y gryduras bach. Bobol yn gneud sbort am ei phen hi. Oedd hi'n gweld dau le yn leuad.'

'Pa ddau le?' medda fi.

Dyma'i'n sbio arna fi fel taswn i'n stiwpid.

'O'na riwin yn deud gynna fod y lleuad yn llawn heno,' meddai.

'Yndi,' medda fi. 'Lleuad y Cynhaea.'

'Ma'r lleuad wedi'i neud o gaws i gyd,' meddai.

'Pa fath o gaws?' medda fi. 'Gorgonzola?'

'Naci,' meddai. 'Caws hefo tylla.'

'Leerdammer,' medda fi.

'Os wyt ti'n deud,' meddai.

'Gobeithio fod y dyn yn lleuad wedi mynd a crîm cracyrs hefo fo,' medda fi.

'A cyllath,' meddai. 'Ma gynno fo gyllath.'

Ar yr ugeinfed o Orffennaf 1969, o'n i'n caru hefo'r Misus ym Mae yr Angel. Roedd y ddau ohonan ni yn noethlymun yn y môr, a'r lleuad yn sgleinio i neud llwybr arian oedd yn estyn tuag at y gorwel.

'Mi a'i i nôl darn o'r lleuad i chi roid yn y'ch gwallt,' medda fi. Roedd 'na ddeigryn yn ei llygad.

'Os wyt ti isio panad,' medda Anti Henrietta, 'dos i neud un. Does 'na ddim crîm cracyrs. Ma'r dyn yn lleuad wedi'u byta nhw i gyd.'

Esh i i'r bac citshin a rhoid y teciall ar y gias. Dyma Anti Henrietta'n gweiddi:

'Nei di jecio fod y drws cefn wedi'i gloi? O'na riwin yn deud fod 'na ddyn hefo cyllath.'

'Dach chi'n saff,' medda fi. 'Mae o wedi'i gloi a'i folltio.'

Ar yr ugeinfed o Orffennaf 1969, tra ro'n i'n caru hefo'r Misus, ddaru Neil Armstrong a Edwin (Buzz) Aldrin landio ar y lleuad. Dwi'n siŵr ddaru hyn amharu ar ramant y Misus a fi.

Esh i â'r te drwodd.

'Lle ma'r crîm cracyrs?' meddai. 'Di panad yn dda i ddim byd heb grîm cracyrs a tamad o gaws.'

'Mi a'i i nôl nhw,' medda fi, a mynd yn ôl i'r bac citshin i roid menyn ar hanner dwsin o grîm cracyrs a torri tameidia o gaws.

'Fuost ti'n sydyn,' meddai, pan ddosh i mewn hefo nhw ar blât.

'Dach chi'n meddwl?' medda fi.

'Ma'i'n dipyn o ffordd i'r lleuad,' medda Anti Henrietta, a stwffio crîm cracyr i'w cheg.

Ma'r lleuad 238,900 o filltiroedd o'r ddaear ag yn cael ei goleuo gan yr haul.

'Oedd yr haul yn boeth ers dalwm,' medda Anti Henrietta. 'Dwi'n cofio hafa poeth pan o'n i'n mynd â te i'r cae i 'nhad amsar y cynhaea gwair.'

'Oedd hi wastad yn braf yn ystod holides yr ha,' medda fi.

'Nest ti ddysgu darllan?' meddai.

'Do,' medda fi. 'A sgwennu.'

'O'na riwin yn perthyn i ni yn dyslectic,' meddai. 'Oeddan nhw'n gweld lleuad fatha dau ell.'

Dyma fi'n dallt be ddeudodd hi tro cynta am weld 'leuad' yn 'dau le'.

'Nain,' medda fi. 'Nain oedd yn dyslectic.'

'Oeddan nhw'n meddwl ei bod hi'n stiwpid,' meddai. 'Ond doedd hi ddim. Y gryduras bach.'

Fuon ni'n gwrando ar y cloc yn tician, a meddai'n sydyn:

'Dwi wedi cael cynhaea da. Dwi wedi rhoid gwair yn y sgubor. Fedra 'na neb fynd â nghynhaea da oddi arna i.'

Y dyn dweutha i gerddad ar y lleuad oedd Eugene Cernan ar Rhagfyr 14 1972. Gadawodd o ddarn o'r lleuad ma nhw'n alw'n Taurus–Lithrow ar y map.

'Gesh i gynhaea da,' medda Anti Henrietta eto. 'Ma hynna'n wir bob gair.'

'Dydi'r gwir ddim angen ei amddiffyn,' medda Cernan.
'Fedar neb fynd â'r ôl traed nesh i ar y lleuad oddi arna i.'

'Mi a'i i olchi'r llestri cyn mynd,' medda fi.

'Mi oedd ei bricia fo'n 'lyb,' medda Anti Henrietta. 'Hen dro
mên, ei yrru fo i'r lleuad a'i bricia fo'n 'lyb.'

'Ma'r cwpana ar y drênyr,' medda fi. 'A'r crîm cracyrs yn y
tun. Dach chi isio rwbath cyn i mi fynd?'

'Nei di gloi'r drws cefn?' meddai. 'Ma 'na ddyn dyslectic
hefo cythall.'

'Dach chi'n saff,' medda fi. 'Neith neb niwed i chi. Wela i
chi wsnos nesa.'

'Sud oedd hi?' medda'r Misus ar ôl i mi gyrraedd adra.

'Wel, dach chi'n gwbod fel ma hi. Yn iach fel cneuan ond...'

'Dwi'n gwbod,' meddai.

'Lle ma Jo?' medda fi.

'Yn 'i lofft,' medda'i. 'Hefo'i x-bocs.'

'Dach chi'n cofio ni'n nofio ym Mae yr Angel?' medda fi.

'Oeddan ni'n ifanc ag yn wirion,' medda'r Misus. 'Sgin i
ddim llawer o go.'

'Ddaru o ddigwydd,' medda fi. 'Fedar neb fynd â fo oddi
arna ni.'

Roedd hi'n edrach yn bell i ffwrdd.

'Dach chi'n barod am y cae sgwâr?' medda fi.

'Mi ddo i yn munud,' meddai.

Yng nghanol yr wsnos gesh i alwad ffôn i ddeud fod Anti
Henrietta yn yr ysbyty. Roedd un o'r gweithwyr cymdeithasol
wedi mynd i mewn yn y bora a cael hyd iddi ar lawr. Roedd hi
wedi syrthio a torri ei chlun.

Esh i i edrach amdani'r noson honno. Roedd hi'n edrach
reit ddel mewn coban lân a'i gwallt wedi'i gribo'n daclus.

'Oes 'na leuad?' meddai.

'Hannar,' medda fi.

'Ma'r dyn yn lleuad wedi byta'r hannar arall,' meddai.

'O na bai'r Wyddfa i gyd yn gaws a finna'n llygodan bach,'
medda fi.

'Mynydd di'r Wyddfa,' meddai. 'Sud fedar mynydd fod wedi'i neud o gaws?

'Jesd hen ddywediad,' medda fi.

'Ma hynna'n stiwpid,' meddai. 'Ma hynna'n dyslectic.'

Fuon ni'n siarad eto am ei hafa braf a'i chynheua llawn nes oedd hi'n amsar i'r fisitors fynd.

'Dwi'n mynd i weld y dyn yn lleuad rŵan,' meddai. 'A dwi ddim yn dŵad yndôl.'

Ddaru neb roid ôl troed ar y lleuad ar ôl Eugene Cernan. Roedd hi fel tasa ni wedi mynd yn bôrd hefo'r lle. *'Been there, done that, got the tee shirt.'*

Ond heno ma Anti Henrietta yno yn cadw cwmpeini i'r dyn hefo'i sach o bricia tamp. A faswn i'n licio meddwl fod 'na gariadon yn dal i addo petha amhosib i'w gilydd fatha nath y Misus a fi ymhell yn ôl yn naintîn sicsti nain.

Cydnabyddiaeth

Hoffwn ddiolch i Myrddin ap Dafydd a staff Gwasg Carreg Gwalch am eu cymorth a'u gofal caredig drwy pob cam o'r broses cyhoeddi.

Diolch hefyd i Bethan Gwanas a Manon Steffan Ros am gwrs sgwennu penwythnosol arbennig yn Nhŷ Newydd y llynedd, ac am fy sbarduno i sgwennu mwy.

Diolch i'm dwy ferch Lowri ac Angharad am eu cefnogaeth calonogol bob amser.

Diolch i Gyngor Llyfrau Cymru.

Diolch i Steve Lewis am lun Gwynn hefo'i badell ffrio.

Ac yn olaf diolch i Gwynn am ddehongli 'ngwaith mor fedrus.